(Die Hülle des Diebes)

Juli 2014, Erste Auflage

© 2010-2014 Christian Mauck

Herstellung und Verlag : Books on Demand GmbH,
Norderstedt
ISBN 978-3-7357-5782-1

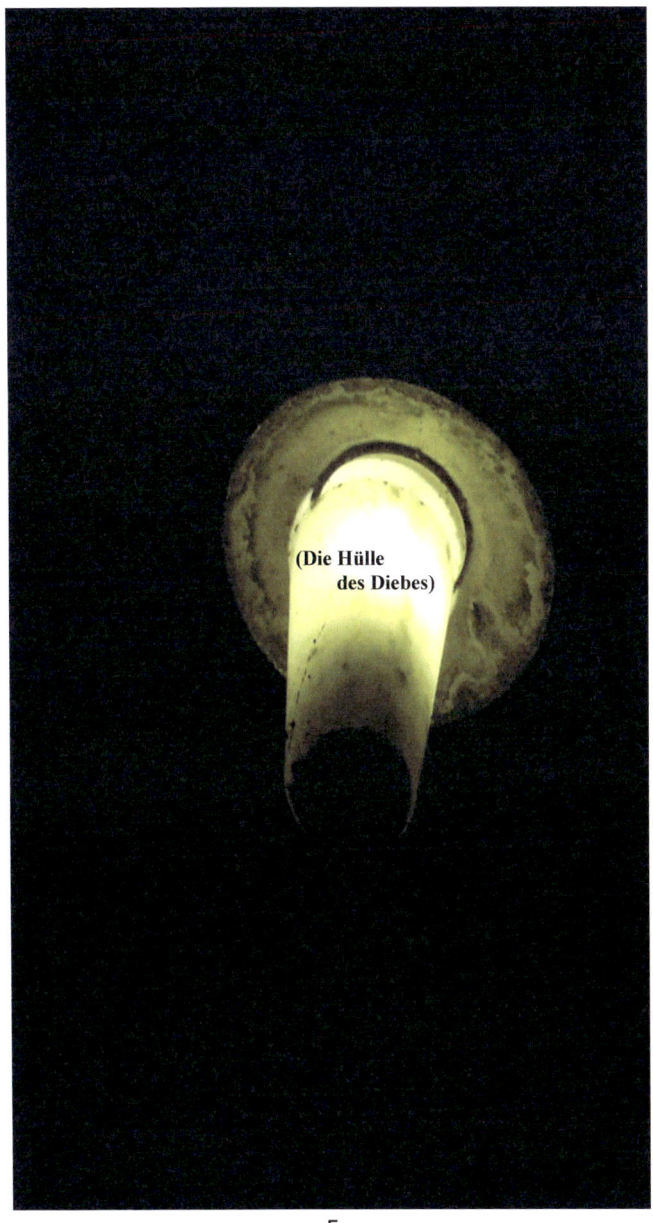

(Die Hülle
des Diebes)

[Osterprozession]

Die Nacht raschelte und wich zurück wie Käfer in verwelktem Laub. Breite, quer den Gassen entgegen gestellte, menschliche Gruppen drängten über die schmälsten Zugänge in das Tief der Stadt; eine dörfisch-anmutende Szene. Ich befand mich vor dieser Stadt und verwandelte mich zu Gold. Der Rauch mit seinen gewölbten, seidenen Aromen störte und brannte in den Blicken der Ziehenden nicht; der Abdruck des Schotters reflektierte sich darin und die bohnenbraune Erde, die unbeteiligt bedrückt erschien. Es war der Freitagabend irgendeines Feuers.

[Die Wasser von Griejk]

Die Sängerin Lapis bekam zu ihrem dreiunddreißigsten
Geburtstag einen Schwarm an Zierfischen geschenkt.

Ich war es, der diesen seltenen Umstand der Stadt Griejk
nutzte, dass alle Süßwasser der Stadt – durchaus auch
Teile des Abwassers, was diese Realität zwischen zwei
langen Bedenken einordnet – miteinander verbunden
waren und mit einem speziellen, vielfach bemalten und
von der Stadt zur Verfügung gestelltem Schlüssel die
Wege des Händlers zur Sängerin eröffnete. „Wie viele",
fragte der großzügig Schenkende, „werden ihr Ziel errei-
chen?" „Es sind Zierfische", sagte ich, „es werden we-
sentlich weniger und erheblich mehr am Ziel ankom-
men", „Sollte das ein Versuch einer klugen Bemerkung
sein?", „Um Himmels Willen: nein!", ich lachte, „diese
Scheiße?", und trank noch mehr von dem Papaya-
Schnaps, der in seiner Wohnung schier überall in Gläsern
herumstand, sei es auf dem Kühlschrank, über dem Ab-
fluss jeder Spüle, auf den Klappdeckeln der Mülleimer,
unter, wie auch auf dem Bett, im Korb der jungen Katze,
auf jedem Sofapolster, auf dem Toilettendeckel – und
zwar irgendwie sowohl wenn er herunter geklappt als
auch wenn er hoch geklappt war. So ganz begriffen habe
ich das nie, aber da es funktionierte, nun gut, waren mei-
ne Bedenken nicht erforderlich um diese Welt zu irgend-
einer Beschaffenheit zu bringen.

Der junge Rahm wurde verrückt; er bemalte seit einigen
Stunden die Kegel der Bowlingbahn, stürmte schließlich
hinaus, da er eine Nebenhöhlenentzündung für das Gift
der Farbe hielt, und sah im Wasser von Griejk gerade die

subtropischen Fische in eben dieser Farbe, welche ebenso jene waren, die als erstes aus den Gewässern des Händlers flohen.

Der Händler Grevchen war morgens aus dem Haus gegangen, roch an vorbeigehenden Frauen, die zahlreich wegen des Frühlingsfestes waren, beobachtete genau die Linden als hätte er ihnen Milch gegeben, sah sich die Nippel der Schaufensterfiguren an, bekam eine Erektion – die man, anders als er dachte, sehen konnte – ging in den CD-Laden, kaufte sich das Debüt und auch das jüngste Werk der Sängerin, huschte heim, legte die CD auf seinen Retro-Design-Schuhschrank, masturbierte vor dem WC stehend, trocknete sich mit einem Badetuch, das voller Kaffeeflecken war, nahm die CD von seinem Retro-Design-Schuhschrank und warf sie ins Wasser.

(Das ist eine Version. Allerdings beschränkt sich die Variation in den anderen Versionen darin, dem Schuhschrank andere Designs zuzuschreiben; für mein Empfinden reicht es festzuhalten, dass der Schuhschrank kostspielig und der Designer – was sicherlich nicht jeder Designer im Retro-Stil ist – ein eklektizistischer Wichser war.)

Es war nur eine Hand voll Tage her als Lapis mir schwor, obwohl mir nichts zu schwören ist, dass sie ein Lied komponieren würde, welches die Schönheit des bewässerten Feldes preisen sollte auf dem sie einst auch heranwuchs. Wie das so ist, legte ich mein Glied in ihren Mund zurück, Tor und Angel zu einer anderen Welt, und beschloss den Tipp an den Schenkenden zu verkaufen, der damals noch lediglich der Schenken-Wollende war. Und wie auch das so ist, kannte er diese Information lange bevor Lapis Zarene der Gedanke kam, und er legte seinen Penis in meinen Mund zurück, was allerdings aus bestimmten Vorbedingungen meiner Existenz absolut notwendig war.

Einer der Stadträte sah heute in die Wasser von Griejk und verschärfte die Umweltgesetze mit seinem Mund. Ein fallendes Blatt tätschelte ihm dankbar den Kopf und blieb dort liegen wie eine inspirierende Mütze. Heimwärts erfrischte er seine Seele und legte, daheim, einen Zyklus von Debussy auf.

„Als Künstler lange produktiv bleiben: ist das grausam oder menschliche Zartheit, Frau Sängerin?"; sie blickte in eine undeutliche Weite. „Ich singe und komponiere seit zehn Jahren und ich sterbe bei jedem Stück vor Scham". Aus diesem Grund schoss Kämmerer auf das Wasser. Seine Frau starb vor zwei Jahren, seitdem zerfällt er. Vor einem Monat ging er zu einem Bestattungsunternehmer und hat ihn um die heidnischsten Dinge gebeten, die während seines gesamten Lebens wohl jemand von ihm zu fordern gewagt hatte. Aus Voodoo und Nekromantie wurde ein Abschiedsbrief, 23 Monate verspätet. „Sie wird wohl noch dort wohnen", sagte er zu mir, der ich ihn beim Verfassen half, aber bei dem Pressholzsarf wird sie weiter rumgekommen sein, als viele von uns in einer Woche; ein Spruch dieser Gegend ist: „eine Lunge ist ein Bett, das uns allen reicht". Die Wangen seiner Frau sind gut gebräunt gewesen.

Der Schenkende lehnte sich an mich. „Gib mir den Schlüssel", flüsterte er. „Wollen sie sich selbst zum Lachen bringen?", „Nein. Gut, mach du es." Ich eilte zum Hauptwasserlauf und schaltete ihn um.
Als ich zurück war, nachdem ich meinen Schweiß in den Gewässern abgelegt hatte, stand Lapis bereits über die Kloschüssel geknickt. Der Schenkende saß weinend vor ihrem Haus. „Weißt du, wer du und ich einmal waren?",

„Jetzt wieder". Wir rückten in den Schatten und ich nahm ein letztes Mal, gezwungenermaßen, sein kaltes, blaues Glied kurz in den Mund und sog dran wie an einer Atemmaske. Ich schloss die Tür während ich ins Bad kam. Die Toilette spülte rückwärts. Die Sängerin entkleidete sich und stelle sich unter die Dusche. Die Brause wurde vom Kopf aus ihrem Leib gesogen. „Ich habe deine Geburt gesehen", sagte sie.

„Ich weiß". Es hat wehgetan.

[Kalte Natur]

Jetzt in der Bucht öffnet sie dem Walgesicht das Sakko und knetet sanft seine Brust hervor. Überall hören wir die Gläser. Jemand könnte eintreffen; Januar war ja. Und wie wärmer werdende Butter schmilzt er um sie, sickert in ihre Nägel ein und bildet Stricke um ihr Skelett. Prometheus grinst, doch wir waren schon vorher da. Eine kalte Natur.
Ich sitze eng hinter ihr; klettere ihren Rücken hinauf und hinab, hüpfe auf einer Hervorwölbung ihrer weiblichen Hüften. Ich drückte eine Schote in ihre Achselhöhle.
Sie faltet seine Brust beinah wie einen Kelch, wie die Tuba einer Blume, und sein Herz könnte herausspritzen.

Abends atme ich die Briefe, die sie für mich liegen lässt. Aber ich vergesse die alten Begierden nicht; die Visionen getäfelter Stuben in denen man zueinander rückt; mit Sommersprossen, braunes, in rotes Haar sich ausdrehend; grau-blaue, unerträglich fein ausgestaltet, mit winzigen schwarzen Pigmentstaubtropfen darin; ihr roter Wollmantel, der schwarze Rock mit den vielfarbigen Blumen darauf, die schwarzen Strümpfe und… ihr Oberteil habe ich gar nicht gesehen, denn allein eine Begegnung in der Bahn hat all dies auf mich geworfen.

Ich hatte das Gefühl, dass der Regen die Angelegenheit von Zeit und Ordnung auflöst. Das Geräusch eines Helikopters entwickelte sich und trat aus der Kulisse hinaus.

Ihre Briefe atme ich ein, atme aus. In seinem Busen sehe ich viele traurige Jahre. Und diese Jahre von Traurigkeit sind solche, die einfach durchgestanden werden müssen.

Es gibt keine Ablenkung und völlig gewiss keine Mög-
lichkeit sie auch nur abzuschwächen.
Im Café habe ich eine Gruppe junger Studenten an einem
Referat arbeiten sehen. Ich saß stundenlang dort und hatte
keine Kraft meinen Mantel zu schließen.

Wir waren vor dem Feuer dort.
Gemäß meines Wesen, meines Berufes, werde ich die
Zimmer nun zerstören.

14

(Zeremonie)

Er verließ mit schwarzem
und ausgerissenem Rachen die Stadt

Er war Feld und Öl,
eine Fotze war in sein Gesicht gebrannt
Sein Gewissen hat Er verloren

Die Schweinsköpfe fliegen in ausgeglühten Girlanden,
überm Rilkes-Bach ist die Faust aufgespannt

Wir können beten und messen,
ausdauernd in Stunden
Aber nie können wir Feld bewirken,
wo Wälder des Hungers mit dem Mann wachsen…

[Hellwigsbach]

Der alte Weidekarren
macht ebenes Licht den Hügeln

obenwärts,
mit einer Rachlaterne oben

bei rankem Fluss
Lachen fassen in Erdgruben-
Haar

Zeit hochleben, du – grünes Öl,
du Tribut – nie bist du eher beim Sumpf
und den Grüften

[Landmark / Am Lös]

Es ist wie mit Rosen-Zähnen
Um ein Aufgefange zu fehlen;

Das sublime Aufrichten des Haars
(*„Ich möchte hören, was du sagst"*)
Wir sollen einen Dezember erkühlen

Ich lege mir die Kandare an,
ich muss einen Laubsaum drehen
(*„Du tanzt sehr nah"*)

In den Gruben vermehren wir uns,
es ist alt um's Prüfen
Langer Dezember

[Aftershow]

Hinter dem Milchglas brüllt der spritzige Harlekin

Der Himmel ist mit grünem Gummi gedämmt,

lispelnde Wartungsröhren kreuzen sich vor einer dunklen
Jacke

Opium schläft auf dem Bett einer Kürbispfeife

& dass der Abend kommt, ist ein Gral

Ferkel lutschen an eingesunkener Minze,

am Fußballfeld singt ein knirschender Rock

mit Benzin-beschmierten Rüschen, aber halt! –

man kann jetzt den Unterleib der Löwen sehen

& dass hier bald schon die Nacht ist, ist hell

[Warp]

Meine Arterien weiten sich um seltsame Fische
Die Bettler räuspern sich vor einem großen Instrument
Und Frösche teilen sich entzwei

Ich rufe zu, einem, vom nahen Hockey-Spiel
Das alte Museum steht zwischen uns
Und wir huldigen Gott

[Ein Bär wäscht sich mit Benzin]

Einen Zentimeter ihres Haares schneide ich ihr
Mein treuer Freund geht hinaus und schluckt
Ich, Lithium, ein Leben lang

Mit Herakliten und Dinosauriern
Mit Halsbändern und einen warmen Körper wie ein Bidet
Wir werden auf die Stechpalmen gehen

[Großmensch]

Das Stahlwerk brennt; die Wehr fällt vorüber. Ich drücke
mich an den niedergelegten Grablichtern vorbei. Irgend-
was ist mit ihm; eine Scheibe aus Öl und Schwarzbrot
bedeckt seinen Mund. Sehr bald ist es wieder Samstag-
abend; er zuckt nervös zusammen und findet niemanden,
der ihn im Seitenfleisch der Passagen bedienen will. Mit
seinem Augenausdruck hat er bereits die Linie übertreten.
Was bringt es da noch zu lamentieren, auch wenn du
erektile Iridiumpakete aus Ruhm gleich Skorpionen-
jungen auf dem Rücken trägst, gruppiert? Gewöhne dich
an den Blick der schönen Ungarin; alle Pistolen versu-
chen sich in deiner Brust.
Ich lehne mit einem monotonen Gefühl gegen mein Fahr-
rad und schon bin ich ein harter Arbeiter geworden. Mit
seinen Ellbogen drückt ein Unbekannter eine schielende
Katze über den Balkonkranz in die tiefe Passage hinab
und ergibt sich einen schlimmen Anfall. Alle Ladentüren
öffnen sich zeitgleich.

Als ich eintrete, trete ich ihm auf den Fuß; er hat weibli-
che Brüste; in seinem Gedanken schaukelt ein kleiner
Affe mit einem Blütengesicht. Wie alle, deren Domizile
ich betrete, hat er einen grässlichen Bildgeschmack, an
der Öffnung des grünen, von Weitem schon stinkenden
Wasserhahns in der schiefen Seitenküche klebt ein Mot-
tenmündel. Er sitzt auf einem schwarzen Muff; es macht
ihm offensichtlich keine Umstände im halben-Minuten-
Takt einen fahren zu lassen. Seine Lippen haften anei-
nander; ohne Schmatzen kommt für ihn Sprechen gar
nicht erst in Frage.
„Du bist von 1982, oder?", er brabbelt ein rauhes „mhm"

aus. In meinem Kopf erst kommt es mir wie eine Zustimmung vor. In meinen Gedanken verspätet er sich immer. Drachenfliegen kriechen unter die Knochen; seine Niere glänzt mich irgendwie an.

In einem überladenen Café kratzen wir den Mittag an; in den Straßen, durch ein schmales Fenster wie einen Schlitz, müssen wir sehen, steckt kein Stück von Gliederung. In seinen Warzen stehen goldene Dolche; er keucht, hat Rückenratten, quietscht er. „Ist nicht so gut, oder?", sage ich und schiebe ihm einen Brotlaib entgegen, wie einem alten Elefanten. „Du bist eine Melangerie, weißt du das?", „Hör auf Laika", „Nein; kann ich irgendwie nicht." Ich pass auf, dass sich mein Fuß nicht in einer seiner Winterfalten verebbt. Ich muss aufpassen auf das Gift, das die schöne Ungarin in die Schokolade wirft. Die schielende Katze fällt in das Netz eines Kinderwagens und verschwindet; ein Knäuel ineinander geratener Schals schieb sich schwer den Gehweg entlang. Mein Zug fährt an der Messe ab. Den U-Bahn-Tunnel muss man anblicken, ganz bis zu den Rolltreppen im Sprint bleiben und sich wie beim Hochsprung über eine Hürde lenken; da gerätst in Gewässer. Gib mir ne Woche, dann habe ich mich durch sie bewegt und stürze aus fünf Metern über den Gleisen auf den Bahnsteig zurück; meine Routinen würden es überleben.

„Ich lass dich vor mir gehen, Borste, alte, gute Borste" Er erzittert künstlich wie ein ärgerlicher Ashura, sein Metall klimpert, ich weiß nicht wie. Das Plakat in seinem Rücken flackert und wird lebendig. „Wie hoch sind deine Schulden eigentlich?", „Weiß nicht, Borste; vielleicht eine Milliarde. Übernächste Woche arbeite ich sie ab. Der Sessel rutscht über den PVC umher; ich brauch ein paar Steine"

Ich schließe ihn in seiner Hausnummer ein, geh an Aquarien vorbei, kaufe Wasser bei jeder Tankstelle auf dem

Weg ein. Meine Hände schlafen mir hinter dem Rücken ein. Es wird zwei Stunden später Samstagabend, steige an der Arena auf und ab, wo ich nichts will, schwimme über die Brücke, auf der ich nichts mehr weiß, fahre mit den Bussen und Bahnen, in denen ich nichts zu sagen habe.

[Das Geräusch eines Kindes]

Der Nebel in den Hortensien
Holt die behilflichen Namen

Dein Strang rostet
Ein alter Spieler springt mit einem Schwert in den Bach

Dein Kind dreht sich durch einen fliegenden Schal,
mit einer Maske der armen Bauern
verdreht es die Laternen

Du bist dort wie die Wellen auf einem Teich
Der Geister Mannschaft kann man
die Glieder fortnehmn

Die Partisanen schlagen sich blaue Augen;
es war Umbra / ein Totensonntag,
Schnabel Schwarzensee; aus geflochtenen Zöpfen:
ein Steg
Der Mond als trage er eine rote Böschung

Man schleppt das Wasser der Blutorangen

in niedrigen Gängen; die

Zähne haben im Morgen eine Gischt;

Verwaschene Familienlinien während ein ver-

faulter Vogel erstarkt

Fackeln am Wegesrand drehen dich

durch den Wald. Dein Kind versinkt und sinkt zu

Kastanien im Schlaf.

Er, am Wegesende, trägt deiner Familie

Gesichter; zieht sich Rauch zum Haar

[Sie, Hyazinth]

Sie schnitt Zucchini

Ihre Brille lag neben den roten Strümpfen

Während der Wasserdampf Dinge zu mir sagt,

zarte, die ich sonst nie gehört habe

Schuppen, Gekröse, Büschel und Eis vermengen sich

Das Nebengericht; eine Schattentafel

Ich halte ihr Feuer und die andere Hand hin,

ihr Kopf hält dennoch nicht still

[Amorit]

So dass du mit dem Schnee vergeben,
Zugesicht,
dich daneben legst,
dich den groben Häschern zu entziehen

Du, sklavisch den Bogen zupfend,
den Wein hehlend

Ich dacht mich aus deines Arsches
Tochter
Ihre geschlitzte Maske,
die sie für uns, für kratzende Blumen trägt

[Die Drainage]

Sein Haupt war eine Weihe auf rotem Turm. Im Schatten
eines Ahorns warf er ein paar nachlässige Tranquilizer in
sein Blut und spielte sich unmittelbar wieder auf Ge-
schwindigkeit 200 hinauf. Die Partisanen, die sich unten
an seine Karosserie geheftet hatten, begannen in ihre
Mäntel zu scheißen. „Ich verstecke dich", sagte er,
schließlich dreht er sich auf dem Fahrersitz einmal ganz
um sich selbst, „Ich denunziere dich", sagte er und spaltet
in der Wucht der Luft die Drainage entzwei. Der Mann
auf der Rückbank fasst sich an eine Schädelgrube seines
völlig kahlen, gesichtslosen Hauptes. Und ihm fällt nicht
ein, ob er immer derart war. Die Hautporen verhelfen ihm
zur Luft; sie müssen sich vorbereitet haben. Drüsen der
Befreiung. Drüsen des Hilferufs.
Der Fahrer wirft eine Tarantel gegen ihn; es ist ihm
gleichgültig und bedeutet nichts. Er spürt eine chemische
Schuppe in seinem Mund. Im Schatten der Baumkrone
verbrennt ein verkrüppelter Apfel. Die Wimpern sinken
zusammen; aus dem langen Haarschopf drehen sich
Haarspitzen in die Augäpfel und Mundwinkel; die Ba-
ckenzähne schmerzen vor Dialekten. Auf dem Beifahrer-
sitz liegt ein blaues T-Shirt.
Hinter den Drüsen pocht eine Sprache, die er irgendwann
mal gehört haben muss; es war nicht immer so, aber
blind, glaubt er, ist er schon immer gewesen – wie lange
dieses „Immer" auch gewesen sein mag. Da war dieser
Traum, in dem er so laut redete, dass eine Gang aus Bal-
lons mit Schlürfen zusammenfiel und seine Existenz in
der Luft entzweischnitt, nur mit einem kleinen Dolch aus
Bambus und Blüten. Und die Luft war nur ein metallener
Berg.

Meine Mutter hielt Waschpulver unter mein Gesicht als ich im Schatten einer Eulen-verseuchten Kastanie beinahe schlafen wollte und sagte mir, dass Schießpulver so riecht. Manchmal war sie unwissend, ein anderes Mal war ich es, der anderer Stoff war.

Der Fahrer legt ein Feuer unter einer Kumulus-Wolke. „Das Obst wird alt im Feuer", sagt er sich. Rausch ist blass, das Kartenspiel in der Brusttasche ist nicht so sanft wie der Schatten.
Wenn ich dich Himmel nennen würde, brächte ich dich nur zu Sorgen.

[16x16 Demeter]

Warum bin ich mit Seide gefüllt,

presse mich in den Marmor

in die stickigen Plastiken der Museen

Die Bischöfe sehen mich in Augen von Katzen an

Stolz schweife ich in totem Gestrüpp

Ich bebe für den Hof,

übe die Augen für die kitzelnden Kastanien

Mein Fuß klebt in warmer Butter

Erbarmen mit dem gestotterten Menschenrecht

Kapillarkräfte, die uns zu Menschen Krone saugen

Wir handeln zwischen gespiegelten Häusern

Niemand entkleidet mich der Blüten

(Läutsommerschnitt)

Im Vahrspark,
wo schweres Tier angehoben wird;

dass so
ein Magen ein ungewolltes Gestirn wird

Der zu Samen gewordene Essig tropft;
sag, er könne Kreatur sein!

Die Uhr sammelt die Augen,
hier: ein verlorener Hals wird massiert

Der Alte ging ohne seine Gesichter zu den Häusern.

Er trägt einen See.
Wolle, die um seine Knochen quillt.

(Freitagabend / Unberührbare Frauen)

Die Sonne ist aus brüderlichem Gesang entstanden
Wir liegen beschämt in den Netzen
Wir kreuzen aufgetakelt den Kanal
Die Sonne bricht jedes Genick

Wir schlagen uns in das schlanke Fell der Berber
Stocken und torkeln um blutroten Keim
Ein schöner Türke trägt mein Gewicht
Er hat mich mit gelbem Band gebunden

Ich war nur das Tuch einer Weide
Ein schmerzender Planwagen,
ein enges Kastell

Unten zähle ich der Schülerinnen Haarschöpfe
So wie ich innen fühle,
auf einen zerrissenen Wimpel gestickt

[Himmelskatzen]

Eine gewundene Nadel, die auf dem Grund des Bades hinab sinkt. Der Rahmen, in dem ich mir selbst ohne Freundschaft entgegen sehe. Erfrieren im Morgen; langhalsige Prediger im Bett der Oguren. Leergefressene Schwalbennester, schwarzer Vogelzug, Nelken in Entsaftern. Formulierte Zukunft auf Dächern, die sich bei Regen zur Seite bewegen. Altpapier in der Brusthöhle, Abstiege zur Untergrundbahn, die sich gequält anblöken. „Ich hab Reup gesehen". Ach was, der ist seit Wochen nicht mehr gesehen worden. Er blickte dem Geländer, nah an eine Telefonzelle gelehnt, entgegen, hat auf ein paar abscheulich groß gewordene Tauben blicken dürfen und behauptet, das seien Himmelskatzen.
Ich sage meinem Kollegen, er soll die Naht zumachen. Ein Rentner hustet zwischen uns und klingt wie ein defekter Kühlschrank; er zieht los; pisst die ganzen Leuchtreklamen aus. Vergilbte Affen sind auf den Straßen. Das Haar ist leise, nur im Innern drehe ich mich nach jemandem um. Ich fühlte mich so alt, dass ich alles glauben wollte, das man mir von nun an erzählt, doch dann blicke ich in den nicht lautlosen Spiegel und merke, dass ich wirklich so alt geworden bin, schneller, als ich es durfte.

Auf einmal erwische ich mich, wie ich mich entführen lasse und mich sehr darauf konzentriere, meine Reize, die mich umschlingen, kraftlos werden zu lassen. Ich denke, diese Wände sind ein Grüner und lass mich unter Monolithen begraben. Die Bahnhöfe haben eine unbegrenzte Menge an Steigen und ein unendliche Zahl an Fahrgästen, die sich um dich herum halten.
Ich habe das Gefühl, die Sonne verträgt unsere Gegen-

wart nicht und jammere und schreibe mit meiner Körper-
höhe den Tag auf. Reup hatte saubere Fingernägel und
eine Stimme wie gläserne Schellen. Er drehte fantastische
Zigaretten und röchelnde schwarze Augen. Man könnte
ihn als Schwuchtel bezeichnen, aber er war nie zu Fantas-
tischem aufgelegt oder ging einen hysterischen Kilome-
ter.

Auf einmal erwische ich mich, wie ich mich bestehlen
lasse; anbietend gehe ich lahm in die Schatten in denen
sich Laternen freiwillig umbringen, doch nur mein inne-
res Feuer kühle ich ganz aus. Die Philosophen unter mei-
nen Freunden zocken den ganzen Tag; ihnen scheint
nichts mehr einzufallen. Alle Polizisten sind Raucher
geworden oder schlimme Zecher. Die Frau, die ich liebe
und nie kriegen kann, hört auf mir alle Sünden zuzusen-
den. Die Katze meines Kollegen hat ein Loch in die
Haustür gebissen und ist abgehauen.

Ich kochte im Eingangssaal des Cineplex und trank ein
mitleidendes Bier als ich glaubte, unter den Kinostars an
der Wand hängt Reup. Auf einmal erhalte ich die furcht-
bare Nachricht, dass sich ein Zug auf der Brücke verfah-
ren hat und die Brücke hinab schnellte. Und ich fühle
mich gut, ja, so bitter ich wusste, dass es ist, ich fühlte
mich stärker mit jeder einzelnen Zahl um welche die
Opferliste stieg. Muss wohl wie ein Psychopath gewirkt
haben als ich vor der Vorstellung rumging und rief:
„Scheiße, Himmelskatzen?"
Du spinnst doch, Reup, ihr spinnt alle; der Türspion, der
im Winter heimlich beschlägt. Eine Kiste voller Oran-
genschalen, die leise und behutsam in den Liefereingang
des Theaters geschoben wird. Schaffner mit tödlichen
Schulden; Laternen, die neben einem ausgehen. Hunde-
training im Halbdunkel zwischen leeren Dosen. Kran-

kenwagen, die im Dienst versteinern; Schlüssel, die durch Fenster geworfen werden, womöglich sogar auf die Straße hinaus, so dass einem aufgesperrt wird.

[Abendessen mit den Eltern]

Morgen werde ich im Garten schlafen
Die Gottesanbeterinnen werden lächeln
und himmelsblauer Acker um mich

[Mastodon]

Du bist die Kürbishaut
Im Regenwald ein Klafter, im europäischen Regenwald

Die Gassen haben ein hohes Dach,
du bedrohst mich mit einer zerrissenen Schere und
ich gebe dir mein ganzes Geld

Dein verdunsteter Ekel
Die lange Wendeltreppe um den Fluss
Ich bin dein hinuntergaukelndes, verschattetes Mastodon

(Kajenmarkt)

Eine sehr fein geschnittene Scheibe eines Kürbisses,
die der Wind bereits bewegt
Und aus Fahnen fließt ein Zwitschern

(Fotografien am See)

Sie schnarren, die fahrenden Räder
Dunkelblaue Jeans, Augen, durchfallschwarz

Ich, junge und volle Frau, ziehe den Pullover aus
Der Reisig weht und kühlt an der Böschung
Und ich will

(Bänke)

Rote Haare, rote Haare, rote Haare

Warum muss ich lachen in der Mitte des Kartenspiels?

Warum seh ich, Kopf gedreht,

etwas in hunderten von Meilen?

(Gondel)

Ich reibe mich an einer Heilpflanze

Ich warte, dass ein Drachenmaul sich offen dreht

Und um vergiften zu können – großes Meer

[Körbe]

Kalte Serenade / die Ehre / Destille
Kippende Gehölze / Arkadenschrein, Muschel-
Anhänger, der Wind, der nur eine Stunde bleibt

Den Schirm aufspannen um zu reißen, Wässern,
nur um zu verbrennen, mit Wissen nach dem Lernen
tasten

Katzenhoden / empfindsamer Lössand / Nuckelnde Ur-
nen
Bratenfleisch, weiße Bäder zu nehmen

Die Farben, das Bier, jene, die uns glühen

Ein Kind verweltlichen, eine Mutter ausziehen, eine
Warze zerschneiden, ein Lied zu nehmen

Längst gekannte Stadt
Leg für mich Kastanien in die Augen des Teufels

[Offenstehende Tür]

Was für altmodisches Spielzeug unsere Kinder haben
Sie zerstören unsere Haustiere
Das auf 20%iger Größe angreifende Dragonerregiment

[El Iksir]

Ihr unvergessliches Getakel
Das Salz, das sich so perfekt im Zucker verloren hat
Dass ein neues Mineral sich bildet

Ich liebe deinen Hund,
sein pelziges Flötenloch, seinen Finger
und der neue Saft, der in seinem Sack sich blüht

Und eine Möwe vermodert in der Luft
Welten entstehen
Ich erwarte, dass meine Schande ohne mich überlebt

Sie ist der Alchemist

(Etwas, das unter verkrebsten Bäumen gesagt wurde)

Du wälzt mich zu Stunden

Haar um Haar möchte ich mich dir entziehn

Und dein asiatisches Haus verstummte

und lang vom Turm mich werfe

Und die Korallene, die will ich

und das Bärenauge, den Bien

und den Stock

Mich will ich doch Stunde zur Stunde falten

und mein Maki-Wässerchen kühlen

[Schlachte]

I.

Der Aufgang am Ufer wirkt wie ein großer Löwenkopf
Alster in einem Licht, das keine Quelle hat
Und am Abendmoder der Frühlingsweser
im Garten die Zeit

II.

Laut einem Schild ist Ayers Rock weit entfernt
Spür den Freund an meiner Wohnung, dort
bin ich aber nicht
Wir rollen so abenteuerlich in das Weiblich des Jahrs

III.

Der Kopf des Philosophen verliert Wasser
Es konnte lange nicht benutzt werden: das Radioschiff
Gartenbesucher lassen ihre Heiterkeit hinab in den Fluss

IV.

Ich muss mit dir schlafen, weil du ein Freund bist

Aber ich werde

diesen Frühlingsabend mit in den Schlaf nehmen

Lege mich in ein Boot

V.

Unter der Brücke:

das Müllschiff wird zu einem Anglerfisch

Die Ausschenker gehen in die Birnen und leben dort

Ich trinke aus; unter dem Meer von einer Klippe stürzen

VI.

Du wirst mit einem Jüngeren zusammensein,

so wie du willst. Ich bin dein Halbgott,

aber was ist das gegen die Schulzeit?

Keine Nebelschwaden; lange Frühlingsnacht

[Abendlicher See]

Wir haben eine Zivilisation aus Krümeln hinterlassen.
Der Wind sollte nun doch allmählich aufstehen, sich das
Gesicht waschen und durch das Fenster hinaus auf's Rad
steigen. Selbst die Pferde würden die Zähne zusammen
beißen wenn sie mein Inneres erkennen würden.
Die Zwerge gehen unter Grashalmen schlafen und wer-
den von dringenden, jungen Lieben zertreten; das Blut
fließt aus ihnen wie Marmelade aus Berlinern, ansonsten
ändert sich ihr Aussehen nicht.
Der Duft von Fisch am See ist schon vollständig verflo-
gen; die Libellen wechseln in den Hangars. Es gibt keine
öffentlichen Personen, nicht mal welche, die gelassen
hier ihre einst bemitleidenswerten Frauen und Partner ins
Wasser sinken lassen. Bootloser See. Man ist amüsiert,
wenn man sieht, wie der Wind die Asche auftreibt aber
den Sand darunter nicht. Sehr geschickte Tiere arbeiten
im Untergrund. Die Flaschen wurden hinterlassen wie
leere Eier, die Insektenkokons, Hasenkot.
Ohne Lagefeuer oder Feuer wird das Feuer gehört. Ich
werde vielleicht irgendwann in den Wald gehen, über
Pinienkerne treten, Tierbauten mit Blicken öffnen und
schließen, die Rinde erschrecken, dass sie zu Boden fällt.
Aber jetzt reizt uns ein Grasgesicht. Und die Lampen
über dem See. In den Schatten liegen unendliche Brüder.
Ich werde mich wundern wie man gehen kann. Es ist in
der physischen Welt allzu leicht Möglichkeit, aber im
Geiste dachte ich doch, ist keine, schon gar nicht günstige
Gelegenheit dafür.

(Acetattempelchen / Nachtcafé)

Du, Tengu; ich seh dich an meiner Scheibe entlang rutschen. Die Frau am Kaffee schreit; nichts Klingendes, nur so ein leeres Gebölk. Ein paar Meter weiter auf der Etage, wo ich gerade nicht mehr hin kann, schreien sie, aber das ist mehr die Schwingung in einem Leib, den man so bald nicht mehr nennen kann und will. Oben, bei mir eigentlich, wo auch Schreie fallen, erstarren sie an Milchmännern und Milchmädchen. Je nachdem woher, können sie nichts dafür oder können nichts.

Egal, ich schmiere mir Rauschgift auf die Brote. Ein bisschen Besitz habe ich noch hier bei meinem ersten Leib und brauch nicht gleich mein Sternzeichen verschenken.
Was anderes: ich habe einen Blutstrom an mir vorbeirauschen sehen, vor ein paar Wochen, eine ganze Welle, im Traum. Ich war so überrascht, dass ich meine Beine erstmals gewärmt habe. Dabei wusste ich gar nicht, dass ich einen Körper habe, so sehr.

Ich ging in den Flur. Es war noch dunkel, einfarbig, nicht ganz schwarz. Ich konnte mir eine Windmühle vorstellen, die 30 Meter vor mir steht; ein Blumenfest. Mit all diesen echten Mädchen, obwohl sie schwer zu fassen sind, wie Musik.
Ich setze mich zu einer:

Der Schnorchel fliegt weit über dein unmalbares, schönes Gesicht. Warum will ich dein Gesicht so wenig sehen? Doch nicht nur weil ich halt ein Ungeheuer bin. Unter orangen Schirmen, Kniestrümpfen und Roggen

dürfen wir diese Gedanken besitzen.
Denkst du, dass ich deinen Tod mit meinem Leben ertöte?
Ich hab dich doch gesehen, wie du fast versunken wärst
als du die Blumen zu mir gebracht hast.
Ich würde diese Zeit gerne für Begegnungen nutzen, zwi-
schen dir und mir, dir und mich, dich und mir. Es geht
nur nicht um dich und mich.
Wir sollten uns umziehen; das ist hier so doch Falsch-
spiel! Das beherrsche ich nicht.

Ihre dunkelblaue, sichtbare Unterwäsche fliegt ins Meer.
Ich bin das giftige Skelett eines Pottwals.
Und Feuerwerk müsste über der Mühle sein.
Und krank alle sein.

[Mr. Mouse]

Eine Gruppe Radfahrer, mit immer zu sehendem
Geschlecht
Ich mache eine Mücke und setze sie in den Abend
Sie fängt allein an zu fliegen

Zu fliegen fängt sie von allein an
Schornstein, Wellenbrand, Gracht und schön

[Plötzlicher Markt]

Man nimmt das Kartell des Hafens vom
Angesehenwerden, vom Gesicht

Die herben Laubgruppen rauschen durch,
zu sich selbst zu großer Ferne
und zu großer Weite fernend

Ein versunkenes, leichtes Ballspiel misslingt
Und alle Hände dringen
zu einem Netz zueinander

[Menschen in einer Stadt]

Dann mit meinen gespenstisch fetten Armen

She: a Spanish retarded

Ganze Zeit Akkordeon,

mit ihren drei Beulen auf dem Pflaster

Für jeden Liebe und

Sie ist ich

Ich werde daliegen, wie eine gute-Menschen-Seele

[Grünes Gras]

Geoff Berners Rabe; mit Trenchcoat, Liebigstiel

Die Handtaschen hicksenden Brahmanen

Die Augen, die aufgedeckt können

Ein Hund vergiftet sich in und mit grünem Gras

Es, ein gedrücktes Mundschlagzeug

Die Mondgondel und eintausend-seienden Wärter

Möwen: die Nixen, deren Kelch eine Gruppe Ochsen ist

Die Pflastersteine unter dem Eisteller; grünes Gras

[Coffee Corner]

Ich verstehe dein in Pergament vergrabenes Gesicht nicht
Was du „die Weiden" nennst, brennt wie eine Menora
All verdichtetes Glas; -

Wir sind leutselig hier gebunden,
knapp behütet unter müder Augen Schirm.

Wir drücken den Mund gegen Bagel
Telefonieren zwischen den einlullenden Tropenbienen

Wir schreiben unsere Adressen in
den Schaum von Biergläsern; stecken unsere Finger in
Streichholzschachteln

Wir sind der beschämte, geschmeichelte
Seitenblick auf ein zu breites Lächeln, wir hängen
unsere Kleider in Vogelnester

Das Fenster, der Pony und große Busen,
ich lege mich in ein Telefonnest
Purpurn ein Kichern mit halboffenem Blick

(Eine Kaffeestadt)

Die Luft, niedrig in den Straßen, verwässert durch helles, seliges Treiben; Amseln, Stadtvögel sinken ihrem eigenen Ruf nach; Passanten kehren langhaarig aus den Gassen wieder; Metrotrophie; lästiges Obsoletempfinden gibraltanischer Bräuche und alter Opferrituale, die mit dem Eintreten des Frühjahrs pflegen einherzugehen. Weich fallen Deutsche über die Straße, das Fleisch ihrer mühsam zusammen kehrend; Beans & Bagels – die gesamte Nacht sich den Rücken zu Schaden geschlafen auf einer Rikscha und zwischen Tageslicht und Nacht Anrufe zu einem allseits bekannten Performer des Telefon-Sexes während dessen die minderjährigen, unerkannten Hörer mittels Morsesignalen signalisieren ob sie fähig sind seine Zumutungen zu bejahen.

Übler, unangebrachter Schlaf weil das Brustfleisch der Krähen nicht aufgezehrt wurde und Freibier den Abend vertieft. Du bist ein Protegé der Hörigen; Improvisationen rinnen all deinen Mutmaßungen nach; alle Gewürze in den Fensterbänken senden ihren Mangel an Nachsicht gegen dich. Du holst deine euphorischen Angstschreie wieder ein und die Milch der Waschungen fließt aus deiner Stirn ab; all deine Segnungen aufgezehrt, teils gegen dich selbst. Hülsenfrüchte laden sich mit Schatten auf und senden ihren stark vergrößert gegen die fliegenden Uhren. Deine Hand treibt unter ihnen hindurch während sich die Profilneurose anlehnt an die Musik.

Musikloser Umgang im Allgemeinen: Gesang ist dort, wo du ihn merken willst, ansonsten reicht der kleinste sprachliche Unterschied um das zu vernehmen, das

51

sanghaft ist. Verschmitzte Pisserinnen verwurzeln sich vor Schokoladeneiern und lassen langen Augenkontakt zu.

Der Umgang mit blonden Frauen dominiert als Lebenssignal den gesamten Ort, während dein Auto von einer, vielleicht nur eben diesen einen winzigen Moment verwirrten Bulldogge aufgefressen wird – die Parkplätze verschieben sich mit dem Metronom. Du setzt dich ins Café neben dem deine erste Uhr stehen geblieben ist. Dein Blick wandert um die Plakatwand umher, streift wie eine Katze, fast verschlagen, umher, dabei sind alle Hinweise so nutzlos wie spontaner Jubel. Eine junge Frau stellt ihr Gipsbein neben dich, trägt eine Sporthose, die deinem Affen ordentlich Zucker gibt. Sie hebt eine Zeitung auf, wirft sie auf das Tischende und liest sie nicht. Mit ihrer Strickjacke und sichtbarem Büstenhalter zieht sie einen Kiosk auf wie auch ihren jungen, vielleicht etwas imbezilen Bruder. Oder ihr Vater verkleinert sich, seine Fabeln gerade noch so stark wie Speisesalz, was sehr wenig ist für den Ausgleich von Seelenhöhe zu Körperhöhe. Sorgen macht dir das nicht: Frauen werden hier grundsätzlich in der richtigen Körpergröße dar gereicht und was alles andere angeht, so hat sich vielfältig gezeigt, dass dein Gewissen auf allen Ebenen mitarbeitet. Deswegen – aus Gewissensgründen – verwahrt sich schließlich dein Dasein hier, am Ort des Geschehens. Schließlich verschlingst du die gefakten Zuckerwürfel nicht aus bloßem Stolz, sondern weil sie dich für alle Empfangsbereiche tarnen; Lobbyismus in alten Ideen. Um das Gespräch nicht zu unterbrechen bevor dir klar wird, wonach dir eigentlich ist, schlingst du runter, was du glaubst auch bestellt zu haben und aussieht wie ein zerpflückter Ballen farbigen Garns. Schlecht vorzustellen, dass ein anderer als ein Häftling sich daran sättigen kann, so suggeriert dir selbst der vage inszenierte Schreckenhunger. Als angedeuteter Schatten verweilt eine Bewegung über ihren Lippen, halb welk. Gewebe künstlichen Baritons im ausgehülltem Schweigen; angegriffenes Knacken des Kiefers: unhöfliche Wege beschreitende Freundlichkeit. Kopfschmerzen durch einen dichten Stromkasten und die Plomben sind auch von zweifelhafter Herkunft.

Bist du über die Unsicherheit hinweg, zahlt sie es dir zielfertig heim, muss es tun, obgleich sie ja ganz und gar versteht, es ihr immerhin beinahe nur ebenso gelegen kam, und bearbeitet den Deckel auf ihrem Coffee 2 go mit stoischer Härte. Du hättest die Parkuhr sicher reichlicher ausgestattet, nur erschien sie dir wie ein furchtbarer, albtraumhafter Wichser; eines dieser Werkzeuge denen es gelingt einen eigenen Charakter auszuprägen in dem sich sowohl die Bösartigkeit als auch Pedanterie eines Deutschen kreuzt. Aber die Türen schließen die Stadt; es ist nicht die Jugend eines anderen.

Okay, nun wirft sich ein halbes Aquarium über deinen Wagen, den du wie ein Straußenei verwöhntest, und du wirst womöglich diese Metapher in wenig ferner Zukunft noch zutreffender finden (wenn man nur einmal Gott vom Fahrrad fallen sehen könnte!)

Sie entsinnt sich laut aus der silbernen Stadt gekommen zu sein; dort hat sie ihre Zeit anamorph wirkenden Pappnasen gespendet, die sich daran eine reichliche Anzahl neuer Glieder fraßen, was ihnen, ihrer Aussage nach, nicht möglich gewesen wäre wenn sie nicht auf pure Energie Zugriff hätten. Apostel für Apostel werden im Blut veranlasst bis sich zwischen heilenden Adern und nach vielen heikel zugeführten Verwundungen ein Monomaterial, ein Strahl bildet, der verhärtet und dann als reines Phänomen in der Welt vorhanden bleibt.

Sie scheint ein Geschöpft mentaler Experimente zu sein, beschließt du mit schmerzhaftem Empfinden. Ihr Gesicht erinnert an die Gesichter schöner Hunde. Ihr Blech erinnert dich auch und etwas Schönes stirbt in deinen Gedanken als Ausgleich für den fehlenden Vergleich. Du träumst von einer, auf sehr stupide Art, verbesserten Welt in der deine Großeltern Superhelden ähneln. Sie ballen die Fäuste und – sterben trotzdem.

Die Automobilfenster sind weich und warm wie frische Zuckerwatte. Du wartest auf all diese treulosen Hundesöhne. Du musst ihn mit scharfen Griff in die Lenden fahren, lass in ihnen keine höflichen Taten zu! Manche Bezirke der Stadt werden sich immer verspäten, andere wissen nicht einmal von einem einzigen Mal, welches das größte Ereignis ihres Lebens wäre, zu beichten. Ereignen sich nie.

[MILF]

Die physiologische Heiterkeit; die Schwielen
wie an Spitzen und Ballen des Handwerkers;
die geröteten Länder; dass du mich, in Sandpapier
liegend, schluckst

Die Wurzeln der Esche knacken und springen dann
entzwei; der Kanal, der von Rosenblüten
langsam verdirbt

Ein Haus, das ein lockeres Gemüt
annimmt; die organlosen Nymphen
in immer duftenden Wäldern

[Ricardo]

Erfahren, mein Kopf mit einem Korb umgeben, lächle ich
Ein braun geflecktes Gesicht. Hundert Zigaretten breit.
Die See begegnet mir hierfür scharlachrot und Kanaster

(Fassaden)

Ein Fensterbrett aus zertretenen Tauben
Mittag begibt sich
Die Zeiten sind eingesäumt
Die Krähenfüße drehen sich im Zement

Jede Kehle bringt Nelken
Der Gott weidet darin, woran die Bienen gehen
Alte Dame laut wie die Brücke
Junge Frauen, stickig, in hoher Mangrove

Das rote Haar in Efreets Stoff
Helles Leder auf Geästes Tisch
Das Spiel wartet im Kraut
Der Sohn hängt in Gold

(Siedlung)

Es gibt nur einen Hof zum Spielen
Ein Glas heißes Wasser
Das Gelee im Abfluss

[Streifen]

Die braunen Tauben mit trockenen Zweigen

Die Zweige sind dünn
Sie könnten nicht der Knochen von etwas sein, das lebt

Sie sind nicht scheu und lassen sich berühren

[Sepia / Nächtliches Wohnviertel]

Dein Valentin ist gekühlt
Ein Brandsicherheitsnachweis / Möchtest du
eine dieser, leicht zu erhaltenden Blumen haben?

[Zentauren]

Die Zentauren, die

mit satanischem Gewölk prozessieren

Sie reißen an ihrem Haar, mit Essig gekämmt

Sie wechseln die Münzen und die Schlösser

Ihre Lider stecken im Kraut

Und es zittern die Bögen ohne Schlangen

Die Zentauren zerschneiden die Tasthaare der Katzen

Und sie ziehen das Insekt von ihrer Brust

(aber ein Mädchenarm-dicker Blutstrang hängt außen und

zwischen ihnen

und das Herz drückt schmerzend gegen die Rippen)

(Geister entlang des Flusses)

Er will ein Schah sein
Mit den enthaupteten Fingern,
aus im Haar gekühlter Flasche Leinwand
zu Tuch, Segel, Darm zu ziehen

Dann will ich ihn auf gurrenden Karren ziehen,
mit dem Kappa aufnehmen; lege ihn in
das Gehäuse eines Mango-Kerns

In den Reben brennen nun die brennenden Schnauzen,
an den Wegesrändern
erliege ich

In meiner Hand halte ich die Hundebrust
Wo die Mühlen faulen
Wo der Hals entzwei bricht

[Sommerdespot]

Der Flug vergeht einem in diesen Tagen,
ich bin Sommers Gatte, andere nur Puppen aus Seilen,
überall Shiitake in den Krägen blauer Schenkel,
Stuten mit faulender Klitoris,
blubbernden Chimären, vielleicht ein Mantikor,
Wein in den Eisdielen

Aber ich bin der ganze Karneval,
der Jahrmarkt, der Kelch aufschimmernden Fleisches

Und nie werdet ihr merken,
wie gerecht ich
und meine Gattin Sommer es sind

[Ein Mädchen]

Ich sehe meine Tochter

Wie sie einräumt

Ihre Schlüssel, Taschentücher, das schwere Fahrrad-
schloss,

kleine Münzen, die für das Hallenbad nicht reichen kön-
nen

Die Salmiak- und Schnaps-saure Hitze drückt sich dicht
an mich

Die Mücken über den Gartenteich lispeln wie durch ver-
klebte Lippen

Angesichts des Sommers verabschiede ich dich

Stumpfer Ehemals-Traum

[Temper]

In Dreiergruppen
badende Tauben, Pfütze
Schweigender Bahnhof

Ich ruhe um meinen zerfallenden Kern
Tronik; ein altes Paradies

Nun sind hier elektrisch geladene Türen
Sie werden von Tigern verlassen

Totenkopfkehlchen warten auf Winter, in dem sie singen
Stadtwaldgesichter. Ich werde baden gehen.

[Salz]

Nach diesem Kaffee werden wir Fußballspielen gehen
An der Straßenecke gehen hundert Möpse spazieren
Meine Hand streckt sich nach deiner Säule aus

[Der Aal]

Der morgige Regen ist der heutige Regen,
der sich verbummelt hat

So groß ist der Markt.
Das Licht ist meine Mutter, die ins Schwimmbad geht.
Ich finde keine Frau, die nicht aus meinem Land kommt.

Thunfische
rammen den Brustkorb eines Berbers

Ich zieh ihr Barrakuda-Häutchen zu
und dann
schaue ich es nur an
bis ich dehydriere

[Wien, eine Imitation]

Mich will der schimmelnde Gott kennen. Ich trockne die Briefe, die ich verschicken werde. Ich habe Illinois gesehen. Es war in einem englischen Garten. Zweimal gesagt. Es war in einem englischen Garten. Mein Prinz spaltete eine Birke und kam zwischen zwei anderen hindurch, zu mir hin „Du hast nicht einen Cent, oder?". Die Briefe tragen einen Flammenkranz, wie ich ihn nur einmal, mit zusammen gekniffenem Auge, um die Sonne herum habe rollen sehen. Ich bin alt im Denken geworden.

Der schimmelnde Gott tat nur eins: reiten. Die Bäuche der Pferde sind so prall, dass sie durch einen Finger sich auftun könnten. Eine große Zigarre schnurrt über die Wolken. Die zwei Ohnmächtigen tragen eine Bandana. Der Prinz legt sich zum grünen Kanal ins Hafergras. Er fließt in einen Helm.

Er und ich tauschen Postkarten in einem englischen Café. Einmal gesagt. Ein englisches Café.

(Frühstücksbesuch)

Der das Salz enthauptete
ging nicht

In der Nacht grüßte ich ihr
sie wartete

Am Tisch rief ich ihn
er sang

Ich bedauere mich um mein Leben
ich nicht

(Stella)

Du, Ich, in der Luft tanken wir uns voll
und abends sinken wir
und wo Licht, da können wir uns enterben

[Die Tochter des Lehrers]

Die ganze verfluchte Welt ist ein Rätsel.
Schnarrend kommt Treff auf mich zu, fragt mich, was mit meiner Tochter ist, wird dabei periodisch gestört, geht und tritt wieder wie der Azoth aus dem Nichts hervor. Ich lege den Salbeikäse hin; der erste Bissen war großartig, jetzt gefällt er mir nicht mehr. Ich sage ihm, sie ist schön, aber weltabgewandt. Es ist keine scheue Unmündigkeit, die Jungen so schätzen und ihr ein Dutzend Hände öffnet, oder Hosen, in die sie ihr Herz legen könnte. Wir haben sie normal und mit Liebe erzogen und sie ist gesund. Wir wissen nicht, woher es kommt.

Ich hatte mir in die Zunge geschnitten, mit einem Messer, diesen hier. Deswegen hab ich mir den grün marmorierten Käse in den Mund gestopft. Draußen verrottet ein Krokodil. Ich hatte nie daran gedacht, dass Reptilien verwesen. Treff löst sich auf und tritt erst einmal nicht wieder hervor. Ich habe einen dicken Brief in der Tasche. Aber ich möchte warten, bis mir Ruhe versprochen ist.

Ich schaue über die Holzbank. Mitten in einem echten Garten fliegt ein Cursor; er klickt einen Baum an und die Rinde öffnet sich. Da könnten Myriaden von Dingen sich auftun, ich schau woanders hin. Habe ich schließlich damals am Strand immer gemacht. Wenn ich mit meiner Frau und meiner Tochter dort war. Ich hätte mir meine Tochter ganz genau anschauen sollen. Eine Unebenheit unter ihren Fußsohlen, ein Fleck am Schenkel, ein unebener Weg der Wirbelsäule unter ihrer Haut. Das hätte mir 23 handgeschriebene Seiten erspart. Ich lege mein Brillengestell zunächst auf die Holzbank.

[Gypsy]

Mit den Zeiten schminkt er sich

nun mehr noch abends

das eine des Tages

Er erlaubt allen Mund Verrat

Wir krönen, was wir;

im Bergschlot dampfen die Palmen

Alles ist mit Brom und großem Druck

Wie Butter liegt dir die Zunge im Mund;

geh jagen, wenn du es willst

[Schichtende]

Und die, für heute, von der Arbeit Befreiten
kollidieren grausam mit der Langeweile
Die Vögel ich durch Schauen aufgebraucht

Noch ein paar Stunden bis Abend
Dann werde ich mich vergraben im Gift

Und im Sommerholz kannst du Schnurren hören gehen
Und ein leichtes, ganz leichtes Gesetz besitzen

(Regen / Tümpel in den Kleingärten)

Du bist Klang

Wie immer jeder Ton verstummt

Und Geräusche einträchtig unter sich zingeln

Die Gärten wie Jungen

Mit den Fransen eines Fängers

In einem hängenden Teich mit an dir hängenden Armen

Und du verweilst anstatt

Die Nebellampen wühlen sich stark entzwei

Likörscheren legen sich um erfraute Wespen

(Kleider eines heißen Tages)

Das Brunnenwasser ist stets nah;
die Adern des wilden Gesichts,
die gerissene Flasche lächelt im Kampf

oh das Fieber des Endes

El
60 Grad
Kansas, Kansas
Guggenheimer Brüste
In den Kleidern ein Schlachthof
Der Heilige Mann
In Waschmaschinen verdampfend, drehendes Auge

Du wachst mit blutiger Brust auf

[Weiße Nesseln]

Den Zorn, den man, womöglich korrumpiert, doch auch aus Gerechtigkeit gegen einen Heiligen entwickelt, ist, günstige äußere Zustände vorausgesetzt, kaum aus der Welt zu schaffen. Unmöglich erscheint es ihn ihren Gefügen und Textilien, wie sie es mit Spott nur noch bereit sind zu nennen, zu entreißen.

Keinesfalls lebt Stolz; durch den Morgen wurde er, der Beschämte, wiedergeboren und mit neuer Substanz bestückt und findet die roten Flocken des Erbrochenen in der Lebenslinie der ungebräuchlichen Hand wieder.

Ob du das Geschmeide dieser Welt oder ein korrupter Dämon bist, ist dahin gestellt worden – das sollte ich mir auf jeden Fall einprägen…

Mein langjähriger Freund Christian Urmadin bestätigte es mir bislang indem er die höchste Temperatur, die bislang in den Armen des bekannten Universums gemessen wurde, an einem kleinen Fleck seines Körpers erzeugte, den anzusehen auf der anderen Seite einer Meeresenge die Netzhaut eines Mannes sofort irreparabel schädigen oder ihm gar das Leben kosten konnte. Mein Freund, der meistgeliebte Mensch meines Lebens, erlitt sehr bald ein Schicksal, das auch Keith Moon und Jeanne D'Arc, in der Hölle, so befürchte ich, bitter erscheinen musste.

Ich war achtundzwanzig Jahre alt, meine Glorie und der Ruhm, zu dem ich auserkoren schien, hatten den Boden, die unterste Etappe meines Abgrundes erreicht und aus einem Anfall von Exzentrik heraus hatte ich den Kaffee, den ich in meinem Versteck - denn wie man wohnt, wusste ich nicht - mit einem warmen Rest von Ananas-Aroma versehen als Richard Nickend durch die rein zufällig nicht ins Schloss gefallene Tür hineingelangte und so wahr, wie ein Mensch werden konnte, vor mir stand und überaus fordernd wirkte. „Ich kenne dich nicht", sagte ich; es war eine Begrüßung, ein Ritual, keine Lüge. „Du musst mir einen Gefallen tun","was", fragte ich, vollkommen hypothetisch, „wenn ich dir überhaupt nicht gefallen will?"

„Jahrtausendealte Witze", sagte er und erklärte mir, dass er „lediglich" (dieses Nebenwort, aus reiner Fantasie) meine Unterstützung gegen einen örtlichen Spieler benötigte, wobei er die Unbestimmtheit des Artikels mit einem Schnalzen unterstrich, sauber, wie ein klares Wort.

Mehrere Tage brütete ich darüber nach wie ich einen dieser Spieler auftun sollte und bitter welcher der geeignetste wäre, damit meine Güte gegenüber Richard Nickend besonders groß, so groß, dass sie zwischen uns nie mehr an Gesprächsstoff fände, erscheinen werden würde. Da er mir keine genaueren Weisung hinterließ, bevor er wie ein Ast, etwas zweidimensionales zu dem du dich in den korrekten Winkel einfindest, verschwand oder unsichtbar wurde - man weiß es nie - musste ich die Eignung an eigenen Kriterien ermessen und, da er realistisch war und aufgrund dessen, wie lediglich die wenigen, weisen Leuten umher nie etwas von mir erwartet hatten, das vor Kreativität geradezu durchdrungen war, wusste ich, dass es allein mir überlassen war. Ich konnte nicht widerstehen mich zu fühlen als schmeichele er mir; Menschen, welche dich nicht aufgrund deiner Fähigkeiten auswählen, erscheinen mir als die Einzigen, die der Aufmerksamkeit verdienen.

Dabei waren die Gegebenheiten bestimmt von meiner Seite aus nicht vorteilhaft. In der letzten Blütezeit, als gerade die weißen Nesseln, welche die unheimlichen Stars unserer Region sind, ja, zu dieser Zeit, nur aus einem leisen Gefühl, das aber zwischen den Mauern, durch die man noch gedämpft den Schrei der Hunde vernehmen muss, gerade laut erwächst, war ich mit einer Augenbinde und einem ebenso schwarzen Stock über die Länge aller Längen aller Tage umhergegangen. In diesem Augenblick, als an den Nesseln kleine, faltige Blumen aufrissen, was wohl jedermann vollkommen verständlich war, empfand ich, dass diese Tat nur vergessen sein konnte; dass ich einfach nur die Last verlor. Dieses Jahr hatte eben dieses zu vollendeten Erkennen ausgeführt, das stetig Machtwort über mein Leben war, nämlich, dass mein Name ein fester Begriff war, ein Handgemenge an Lauten und teils auch Lettern, die aber wenige in die rechte Folge und Vollständigkeit fassen vermochten, doch ich selbst kannte von jenen, die meinen Namen riefen, ihn mir wie ein Gedicht, dass ich selbst verfasste, rezitierten und selbst im Halbschlafe, den Schaum der Nacht bereits vor der Zunge umhertragend, wiederholten bis er erweichte, rein niemanden. Wenn die Geheimen versagten, die Nickend beschäftigte und an seiner Brust des Zweckes aufzog, dachte er über eben den Sichtbaren nach, welcher ich, natürlich an keinem reicheren Ort als seinen Augen, geworden war.

Kurz wiegte er sich nun hilflos in Gedanken, denn seine Geheimen, die Neo-Kämmerer, kleinlichen Industriespione, die, welche die Aufgaben von Mördern besaßen, aber keinen Blutstropfen aus dem kostbaren Kelch einer Ader verschüttet hatten, hegten ein großes, ihrem Wesen entsprechendes Gefühl des Amoralischen gegenüber der obszönen Vergütung eines „echten Menschens", so dass

73

er eben jenen Augenblick hatte abpassen müssen, in dem ich die Last an meinen exzentrischen Zeitvertreiben verlor. Wie es in sehr regelmäßigen Abstände der Fall ist, war ich gerade mal wieder hemmungslos verarmt, denn wie einige Male vorher, hatte mir mein, nach äußerlichen Belangen, unsinniges Verlangen, die Lebensgrundlage zunichte gemacht, zudem verlor ich gerade meine Wohnung aus merkwürdigen, dennoch nicht spektakulären Gründen, womit ich bereit war in Nickends sehr direkte Form des mir nicht ganz unbekannten Verhältnisses des Sklaventums einzutreten, was selbst der Vertigo-Moralität der Unsichtbaren keinen Grund zur Kritik einzubringen schien.

Ich benötigte nicht lange, um die Entscheidung zu treffen und sie lautete: Margas Kohlschrift. Jeder, der mit der Welt des Tennis auch nur minimal bekannt ist, erkennt die namentliche Verbindung zu einem Talent, zum ATP-Spieler Philipp Kohlschreiber, doch angeblich besitzen nur uralte Roma und moderne Alchemisten die Fähigkeit zu erkennen, wo die Verbindung zu seinem Talent bestand, doch auf mich traf keines von beidem zu, höchstens dass ich von manchen als modernerer Homunkulus bezeichnet wurde. Doch welchen der Zauber Fähigen ich in dieser Region ich entstammen sollte, insbesondere wenn dieser sich mithilfe eines speziellen Zaubers sich vor mir verbarg, wusste ich nicht als Einwohner dieses Landstriches, in dem die Blüten der Intelligenz beinahe nie statt selten in verschlungenen Formen erblühen. Ein Land, das für seine farblosen Nesseln bekannt ist, die ein Einheimischer nie blühen gesehen hat.

Margas aufzutun erwies sich als ein Unterfangen, welches sich für jeden Ortsfremden als unmöglich erwiesen hätte; wie es wahrscheinlich nicht ausgerechnet der Zufall anders wollte, hatte Margas selbst seit kurzem die obskure Sicherheit eines Daches verloren und kam nun irgendwo im Norden des Ortes unter, welcher im Alter wie eine Krone aus dunklen, obszönen Naturreligionen über der Stadt thronte, wie die Krone selbst den König überthront. Wer im Bereich darunter aufwuchs, hörte über diese Zone nur vollkommen unwahrscheinliche Stories über spontane Fälle von Unsichtbarkeit oder Wegsteine, die man mit primitiven, strohigen, weißen Strichen auf mehreren Meter Höhe an Stämmen unterlegener Buchen fixiert hatte. Christian Urmadin konnte diese Region stundenlang leidenschaftlich und besonders schön verfluchen bis er sie schließlich nur noch als „Land des Scheißendrecks", wiederholend, einem exzessiven, niemals endenden Refrain gleichend, schmähte. Eine andere Sache ist, dass er an diesen Abenden nicht in der Lage war seinen eigenen Namen auszuprechen; ob er ihn noch hätte buchstabieren können, erfuhr ich nie, da er einen Stift leider auch nicht mehr halten konnte; auf einer Tastatur haben wir es nur einmal versucht, wobei er allerdings mit dem Kopf auf die Tasten fiel und da er immerhin alle Buchstaben getroffen hatte wusste ich nicht so recht, ob ich das als Fehlversuch deuten sollte.

Ein wenig schmerzte mich nun, dass mein Eindruck dieser Umgebung seinen Ausführungen so sehr entgegenstand; ich fühlte mich auch zu heimisch. Urmadins Leichnam ganz zerfetzten Planktons sank stärker den farblosen Tiefen entgegen, verbiss sich inniger noch in die Überlieferung fest, voller Meeresungeheuer und apotheotischen Fabelwesen. Ich schwankte zwischen tiefhängenden Lavendelhainen umher. Mein Mund fühlte sich, als füllte er sich allmählich mit blauen Pflanzenstielen. Frauen mit derben, groben, doch abwesenden Gesichtern schienen ganz gekleidet in sprechsüchtige Seide.

Materie war nicht ganz klar. Die Sonne war drückend und der erdnahe Stoff ließ seine Stoffe wild um einander irren. Mühsam hielt ich mich gegen die Maschinen aus Brot und nacktem Weizen, gleichwohl aus unmissverständlichen Objekten der Natur, war überall stillschweigend dem Unaufmerksamen angezeigt, dass es ein Garten war, mit dem sich der scheu gewordene Margas umkleidete.

Heilige und Dämonen legten ihre Ohren dem Boden an und erloschen zu aquamarinen und karmesin farbenen Hüllen. Ich balancierte mich auf der alten Steinmauer am Bette des Hofes, stets gewiss den Halt aufgeben zu müssen, sobald unvernommen ein neuerlicher Schwarm wilder Fledermäuse aus der nahen Schlucht sich zu mir hob, denn ich erschreckte, wissend, dass sie mich nicht berühren werden, womöglich aus eben diesem Grunde. Die allernördlichste Region war erfüllt von Abhängen und schweren Gewissen. Wer schließt in sein Herz etwas ein, von dem er nicht ahnt, dass es ohne Grenzen wächst?

Und schließlich schreie ich: "Welches ist dein schwerwiegendstes Geheimnis?" Und Margas zog es ans Fenster, wenn dieser Weg auch zu lang war, um ihn ohne Weisheit zu ermessen. Das Haus war in keiner der drei Dimensionen fertig gebracht worden; in allen Auswüchsen erkannte man eine Entwicklung, in der aber ein fundamentaler Denkfehler mehr als offenbar wurde, was ein ärmliches Gebäude zur Folge hatte, in dem das Wichtigste aber noch möglich war, nämlich dass man sich verirrte. Doch spürte ich, wie sich im Hause jemand regte, zaghafter als mein fragender Zuruf zu lange verklungen war, als ihm gegenüber mit Schärfe reagieren zu können.

Also wiederholte ich:

"Welches ist dein schwerwiegendstes Geheimnis?"

"Welche erkennen Sie denn?", rief er zurück, doch da er sich mit den großen, wie Maschinen zu arbeiten fähigen Händen außen am Fenster stützte, die deutlich erkennen ließen, dass sie rotgefärbt waren vor weichem Schmerz, brauchte ich nicht zu antworten damit er sich vergewissern konnte, dass ich auf jeden Fall die erheblichsten, was nicht die geheimsten sein mussten, kannte und sie auch sang, wenn der Morgen sich schwer gegen die menschliche Seele wirft. Das heißt: dem menschlichen Teil der Seele.

"Bitte tue mir nichts" rief er und überaus fahrig, als ob er viel kaltes Wasser in sein Gesicht schleudern wollte, fuhr er mit den Händen über sein anziehendes, leicht mezzanin wirkendes Gesicht.

"Du weißt doch, wo wir sind", fügte er, viel weicher, an. Er bot an, sich mit mir am nächsten Tag im Café "Marchante" zu treffen; erst bedachte ich, dass er sich zur Flucht hinausreden will, doch dass ich ihn unter so wenig Umschweifen aufgetan hatte und ihm die Frage stellte auf die er nicht verzichten konnte, konnte ihn kaum zur Hoffnung genügen, daher stimmte ich zu, zumal ich unter den Eindrücken des Nordens litt. Doch gerade das war das Problem: den hervorragenden, ausgezeichneten Dienst, den ich Nickend erwies ohne Mühe. Das konnte bedeuten, dass Auftrag auf mir lastete, dass nach all den Jahren süßer, obskurer Leere eine Befähigung, eine für eine jener verachteten stumpfen Kreaturen nützliche Befähigung mich schwerwiegend und, zum ersten Mal, unauflöslich machte. Diese Gedanken gärend, stolperte ich durch eine riesige Hitze, von nachdenklichem Schweiß verwundet. Die Nadelbäume stanken und die Chitin-panzer der Käfer fühlten sich an wie die Haut eines Säugetiers. Steckte die Mühelosigkeit oder dieser Moment in einem Rätsel fest? Auf einmal fand ich in mir einen leeren Zettel vor, den ich mit irgendetwas beschreiben wollte.

Ich sammelte einige kleine Flaschen auf und begann mir die Handinnenfläche Margas vorzustellen. Ich wollte mich nicht verirren; mit Einstieg in schweres Wasser und einem geteilten Schicksal wurde ich von Mondschein müde und wie immer, wenn ich außergewöhnlich glücklich als auch unglücklich war, gab ich mich Belohnungen hin und statt die Ruhe meines Versteckes aufzusuchen, quartierte ich mich an einem Gasthof in unmittelbarer Nähe zum "Marchante" ein.

Er ließ zwar eine halbe Stunde zwischen verabredeter Zeit und seinem tatsächlichen Erscheinen verstreichen, doch hatte ich nicht eine Sekunde den Glauben an ihn verloren. Ich war ein wenig unausgewogen von einigen Espressos, mit denen ich mich von den wilden Träumen zu entfernen suchte, die über mich gekommen waren in dieser Nacht, welche dennoch eine gänzlich andere Nacht war. Tiefes Unheil schien in dem annähernd Teer dieses Augenschließens aufgelöst sein, doch ob ich tatsächlich schlief oder mich nur an einen alten Traum in der Dunkelheit erinnerte, konnte ich nicht sagen.

Als ich wach wurde war es der dreckige Regen. Der dreckige Regen färbt den Ton der weißen Nesseln in einem stumpfen, milchigen Ton. Das ist der Grund warum die Ortsfremden nach der Milch der weißen Nesseln dürsten, warum sie gar nicht satt werden können von dem trüben Schlamm unserer Pflanzen und dies ist wohl der Grund, warum die Pflanzen hier besonders wachsen, weil sie von besonderem Willen gefangen genommen werden.

Er sieht mir nicht in die Augen; er blickt durch ihr anzweifelbares Fleisch bis zu der Innenseite meines Hinterkopfes hinaus. Und er fragt nach einigen Formeln: "Was ist mit dir?"

"Es gibt nur einige, wenige Freuden für mich. Und sie sind mir zugedacht, mein Schicksal ist an sie gebunden. Ich kann nicht die Zweige gegen den Himmel drücken oder den Mond aufschälen wie eine stachelige Kastanie, eine mit Stacheln besetzte Kastanie.

Oft ist mir schwindelig und elend, und ich erkenne den falschen Grund.

Manchmal bin ich auch hungrig, doch das Essen verbindet mich mit dem Erdboden."

Er war so fest wie ein treuer Freund, der deinen eigensinnigen Kummer erfährt.

"Und ich muss mir dank dir von Nickend den Arsch aufreißen lassen, vor versammelter Mannschaft", mutmaßte ich. Okay, es ist vielleicht das bessere Los als...

„Auch verrückte Menschen können starke, ich meine: produktive Schicksale annehmen. Eigentlich entscheidet nur ein Kriterium darüber, ob es eine laute Katastrophe geben muss: die Größe des Schwanzes; solange der sich an durchschnittliche Maßstäbe krallt, lohnt es sich nicht, die Hand auf den Telefonhörer zu platzieren wie auf dem Kopf eines Hundes, dir treu, sonst angriffserprobt."

"Mehr Weisheit als das kommt nicht nach all der Zeit in der Festung der Einsamkeit?"

"Naja, ich rede von den lauten Katastrophen. Du wirst still sterben, ein Moment in dem du nach den eigenen

Namen als Rettungsanker greifst, aber, ausgerechnet dann, so wirst du es dir selbst wieder geben, wird nichts an diesen Stelle sein. Ein Name entsteht dadurch, dass du ihn in einer dunklen Welt rufst. Du kannst dich weit hoch ringen, dass aber etwas übrig bleibt wird in deinem Fall noch viel eher viel zu viel verlangt sein."

Er knickte hinweg und zündete eine der Tischdecken mit einem billigen Feuerzeug an. Dem folgte, dass wir ohne zu zahlen am Horizont verschwanden.

"Ich mach's", sagte er zu den Gestalten, die durch die Entfernung verstümmelt wirkten und zu dem Gestank, der von den Pflanzen aufstieg. Und er begann wie Obst zu verschimmeln.

Margas drückte sich in den Schatten eines Fetten, als ob er dadurch gegen irgendjemanden gesichert wäre. Seine Kehle strahlte hell auf. Der Fette trug ein weißes, durchsichtiges Hemd. Man erkannte die Marke der Zigaretten in seiner Brusttasche und sein Unterhemd mit der serifenlosen Aufschrift: "Here it dies".

Er stand einfach da und sah halb nachdenklich, halb konzentriert in eine weite Leere, während ich für ihn nicht zu existieren schien. Sobald er sich nun aber drehte, hatte Margas sich in den Rücken des Fetten, hinter dem durchsichtigen Hemd wie von einer Art Gelatine, dem schleimigen, durchscheinendem Ei einer Kaulquappe bedeckt, gesteckt.

Einige Tage später - es war nicht mehr lange hin zum großen Gefecht - wurde ich hochgeschreckt durch einen echten, physischen Schlag an der Tür, welcher sich durch quälende, akustische Halluzinationen, chinesische Käfer und parfümartigen Gift zu mir anhob. Ich glaube, ich wäre mit Stacheln bewehrt und der Vermieter würde kommen um mein Innerstes gleich einer Jakobsmuschel zu entkleiden. Ich war zartes, schleimiges Fleisch.

Doch bald hörte ich Margas; dadurch, dass ich aufgeputscht war, dachte ich zunächst nur, dass der Vermieter, der Zuhälter der Besitzerin, jetzt in tausend Stimmen singt, doch tauchte ich meinen Kopf in kaltes Wasser und der Ruf war ganz unmissverständlich geworden.

Ich öffnete ihm, hinein aber trat er nicht; er hatte sich bereits die Hand vor den Mund gehalten, als ich die Tür zurückschlug. Er schreit, sagt, es sei ihm ganz klar gewesen, doch sie zeige keine Anstrengung sich zu sträuben nicht mehr zu den diamantengeworden Margas Kohlschrift zu gehören.

Er ging nicht in mein Wohnzimmer, er sah in das, was von meinem WC übrig war, hinein und lag dann da wie ein Scampi. Warum, dachte ich, dreht er sich um die abgekühlteste Urinpfütze der Welt um Frauen und den angeblichen Stolz eines Kerls, der seine vermeintliche Fähigkeit stetig auf ihrer Platte abspulen muss, damit sie sich nicht von dem Weltall zusammenkrümmt?

Sie hieß Lara, war irgendwann mal die Göttin Verwalterin des nördlichen Humors gewesen - oder so etwas - und absolut meisterlich in Allem was mir bekannt ist an Sachen, die man beherrschen kann. Margas lieh mir sein Auto, einen weißen Opel Korsa, der exakt so aussah wie ein übergroßes Ei.

Auf jeden Fall fuhr ich etwas südwestlich bis an die Grenzen der Region, deren Merkmal es ist, dass dort angeblich weiße Nesseln wachsen, konnte mich aber kaum konzentrieren, weil ich jetzt, als ich intensiver darüber nachdachte, das Bild nicht mehr aus dem Kopf bekam denn irgendeine Erinnerung kam damit hoch - aber ich kam nicht zu ihr.

Lara war im, vom Messi-Dasein seiner Mutter verunstaltetem Haus seiner Geburt und somit weit draußen eingebunkert; auf der Erde waren, bitter, immer noch von Fingern gezogene Spuren geblieben, die Erinnerungen dessen waren - angesichts Lara Kohlenschrift, zwischen deren Schneidezähnen die Hülsen der Obstsamen zersplittert wurden. Farbige und gewichtsarme Nachbildungen lagen in den ruhigen tragischen Grabbüscheln und vollkommen entleert lagen in ihnen auch so etwas wie eine Bedeutung. Wären Sie zugänglich, würde ich ihnen abmahnen. Soviel war in Form von meinem Leben zurückgeblieben.

Was ist es, das wir tun um bedeutsam zu sein?

Die Erinnerung verwahren um all diese Zerrbilder unseren Ichs - bitterer und weniger an Barmherzigkeit als ein Fremder, der über unseren Namenslettern und einem Geschmack von Zorn ausspuckt?

"Unser Atem ist nichts Wichtiges, nichts als Ruhmsucht, Lara", glaubte ich zu sagen.

"Einem Lamento nun in seiner Bestimmung nachzugeben; die Realität weder zu verändern noch sie abzubilden." - das muss es gewesen sein, dass sie sagte, „danach erinnerte ich mich kaum, aber ich: immer noch ein Junge oder ein Mädchen; man musste fragen ob man schwanger ist. Oder wie der Sommer - war ich kalt oder war ich ein Gebinde aus Kristallen und sind wir auch selbst betört?"

Das muss es gewesen sein, was sie sagte. Danach erinnerte ich mich kaum: war ich immer noch ein Junge oder ein missratener Mann? War ich tragisch oder wie der Sommer, war ich heiter oder war ich ein Gebäude, kristallen und betörend, wie auch selbst betört?

Lara wirkte wie eine etwas über dreißigjährige, von heiterer Fruchtbarkeit gekräftigte Frau; ihre Haut war von wechselhafter Schattierung, die Kontur ihrer Haut sichtbar, ihre Haare realistisch blond und stark und ihr Becken war zum Lachen und der Atem stehlend. Sie erschien in ihrer bereinigten Erscheinung kaum ungewöhnlich, nur war überdeutlich, dass sie erst spät eine besondere reizende Schönheit werden würde.

Ich hingegen: obwohl ich übergewichtig - gegen den Horizont kaum auszumachen als ob ich endlich schwinde...

Eine Zeit lang schwante mir, das heißt, wenn man es denn so bezeichnen will. Ich begann mit etwas und sie machte es mir ungenießbar.

"Das Leben ist eine lange Insomnie, ein Augenblick zwischen dem, dem wir nicht ins Angesicht zu blicken wagen."

"Immerhin haben sie in ihrer Einsamkeit sich, wie sie im Traume sind."

"Wie alles scheitert die Liebe wo man in ihren Besitz gelangt."

"Errät man, dass alles leer ist, entströmt die Freiheit aus den Asylen, in denen sie gefangen ist und überflutet die Gegenstände des Bewusstseins."

"Ein Wurm kräuselt sich über ihren Augen."
„Ich habe caliban'sche Wimpern", sagte sie und kicherte, wobei ihr Leib zusammenzuckte. Und ich dachte: Nickend, hinter deiner Amoral kenn ich dich dennoch; ein Leben lang hätte ich mit dieser Antwortmaschine spielen können.

Wirklich erklären tat dies meine Wissenschaft dennoch nicht; dass es um sie ging, war mir im Vornherein klar. Denn die Dinge nehmen einen beliebigen Wert an und selbst wenn es nicht um die Maschine der Perfektion ginge, sondern eine jener traurigen Kreaturen, die sich nicht nur Samen sondern auch Seele und Fleisch entleihen, so wäre sie am exakt gleichen Punkt der Unermesslichkeit entdeckt worden. Die Frauen taten mir leid, obwohl sie langfristig mit mehr Bestimmung erfüllt sind. Ich hatte Sinn erhalten, wenn ich auch nur ein Werkzeug war, doch trotz aller Deprivation erschien es mir, dass ich aus den dunkelsten Unterseegefilden so hoch geholt wurde, dass meine Stirn über Wasser ist und wenn auch mein Gehirn in dichtes Moor gehüllt ist, so fühle ich diese kleine Wunde, diesen Monitor an Haut in Klarheit getaucht.

Doch dann verbreitete sie sich.

"Sie haben dieselben Geheimnisse, oder?", sagte sie.

"Haben sie nicht. Diese Frage habe ich an mich selbst gestellt und ich beantworte sie selbst: ich gebe zu, die Ähnlichkeit eurer Geheimnisse ist ähnlich, aber sie ergeben ein anderes Gesamtbild. Für dich ist Margas Herz gebrochen, doch für ihn ist auch das Herz von Nickend gebrochen. Und auch Nickend hat ein gebrochenes Herz vor Augen." Das Ganze kam mir wie ein zweiter Abschied vor. Meine Seele tauchte unter.

"Ich bin vor einigen Jahren hierhergekommen. Ich hatte von den weißen Nesseln gehört, kam her und niemand wusste, was ich suchte oder meinte. Eine von ihnen wuchs, auf einem Balkon, dessen Tür verriegelt wurde. Von dem, der dort wohnte war wenig bekannt, doch er besaß einen Zorn, den er nicht finden konnte."

Mit einem scharfen, messergleichen Laut öffnete sich das Schloss. Ich sah zu einem trockenen Mund auf und mir war, die Wurzeln, das, welches wucherte, zog sich zu der Spitze meines Gehirns oder Schädels zurück.

Christian sagte: "Die Stadt ist voller blauem Motoröl, ich dachte, ich finde den Schlüssel nicht." Ich sah ihm in die Augen woraufhin er seinen Kopf fortdrehte.

"Er konnte wohl nicht warten. In voller Montur plus einen Krummdolch von Mutters Wand stand er vor eins seiner Häuser und fragte einen Vorbeigehenden welches das Haus seines Gegners sei. Dieser antwortete nicht welches es war, doch er soll nachdenklich gewirkt haben. Als er ankam war der Weg zum Herzen seiner Mutter bereits ein Labyrinth." Er würgte leicht. "Das ist für Nickend der Weg zum Leben jetzt auch, schätze ich." „Mein Vater schrieb Gedichte. Sie sind zwar kein Volksgut, doch rede ich gerne davon, dass in ihnen ‚von zwei Höllen' geschrieben steht", als ob das jetzt eine Erregung wäre, dass ich an seine Zunge denke, die wie der Panzer einer Assel wirkt.

"Von Lara heißt es, dass sie in den Krieg geschickt wurde. Sie haben sie ohne die geringste Ausrüstung über dem Kriegsgebiet abgeworfen, sie soll nicht mal einen Fallschirm bekommen haben. Naja, und einem Monat war der Krieg gewonnen. Das heißt: man nimmt es an. Was die Leichen angeht..." Auf einmal blickte er durch mich hindurch. "... aber das weißt du selbst wohl am besten, oder?" Ich saß auf dem Bett, die Ellbogen lagen bereits auf den Knien, also brauchte ich nur die Unterarme und den Nacken zu regen. Und als ich das tat, begann ich zu weinen, denn ich habe mich nie so allein gefühlt. Überall in der Stadt gehen die Türen auf, die von der Vermieterin verriegelt wurden.

„Vater, warum hast du mich nicht weiter werden lassen? Was passiert mit den Menschen, das man ein Jahr lang unsichtbar wird?", dachte ich, während ein durchsichtiger Glanz um mich - sogar leicht angehoben wurde ich dafür - gelegt wurde und Christian Lara bat ihm zur Hand zu gehen, als er mich anhob. Die offenen Wohnungen, an denen wir auf dem Weg durch das Treppenhaus vorbeizogen, eine stumme Karawane mit größeren Geheimnissen als der Hunger, lächelten mit ihren verlassenen Tischen, Fenstern, Stühlen, Dielen, Garderoben, Tanks und Küchen. Keine, an der wir vorbei waren, hörte ich auf zu sehen, doch es wurde nicht eng in meinem Auge und als der Kofferraum sich um mich schloss, blieben alle Wohnungen stehen. Das Jahr kommt, das Jahr geht. Menschen in der Stadt tun ihre einfachen Dinge, doch sie nichtsdestotrotz können sie sich geborgen fühlen im Innern eines höheren Rituals. Irgendwas ist. Durch die Passage sieht man sie kommen und man sieht sie wieder gehen. Gibt es Städte? Kern oder Hülle unserer Geister im Innern?

Nach einigen Stunden öffnete sich der Kofferraum. Ich sehe die Wohnungen. Ein zweites Auto war in der Ferne zu sehen aus der Nickend und Margas stiegen; Christian Umarid begann ein weißes Priesterkleid, Pektorale und Birett anzukleiden. Ich sehe die Wohnungen. Nun holen sie mich aus meinem Plastikkleid, meinen Käfig aus

Licht und Knistern, vielmehr trägt mich Margas auf den Händen unterdes Christian die zweite Garderobe Nickend anzubieten scheint, was er aber mit der Replik quittiert; „Ich kann das nicht tragen und das wissen sie". Ich sehe die Wohnungen, aber den Wind höre ich auch; weit ist der Acker auf dem wir sind. „Sind sie von hier, Lara?", rufe ich, aber ich bin nicht wirklich zu hören und unter mir gräbt Margas die weiche Erde auf. Christian beginnt zu Lara zu beten; Margas legt einen Bartschlüssel mit in den knuspernden und kaspernden Vortex aus Brocken Erde in den ich schwebe. „Sie wissen, dass wir nun Krieg haben?", sagte Lara noch zu Nickend, während sie mit Umarid zum Auto ging.

„Großartig, Margas", sagte Nickend zu diesem, „dafür wirst du in der ATP gewinnen. Dafür wirst du Maria Sharapova entkleiden, mein Junge". Dieser nickte nur stumm. Ich sehe die Wohnungen, aber es ist sicherlich etwas her, dass ich ihre Originale gesehen habe; sie waren zwar identisch, dennoch merke ich ja, dass alle Wohnungen in eine Form verschmelzen, diese Form wird wieder Serie, wird Register, dann ziehen sie sich wieder Ziehharmonika-gleich zusammen um die neue Basis eine Serie werden zu lassen, aber was ist Neues aus dieser Form geworden? Wo keine Farbe, wo Schwarz ist, wird das Schwarz nur noch dicker aufgetragen, die Farben verdicken in sich selbst, kennen ihre Nachbarn nicht mehr, der Sprung zwischen ihnen und ihren Nachbarn ist zu groß geworden und zusammenkommen können sie nur dann wieder wenn sie überlaufen. Ich weiß nicht, ob dann irgendwann nur Schwarz und Weiß sein wird, oder Grau wenn sich alles übereinander wirft. Will ich weiß sein? Ich hasse die Heiligen, aber nicht wer sie einst waren.

Mein 1. Lid schließt sich und eine Nessel blüht!

Mein 2. Lid schließt sich und eine Nessel blüht!
Mein 3. Lid schließt sich und eine Nessel blüht!
Ein Lid schließt sich und eine Nessel blüht
Ein Lid schließt sich und eine Nessel blüht
Ein Lid schließt sich und eine Nessel blüht
Ein Lid schließt sich und eine Nessel blüht
Ein Lid schließt sich und eine Nessel blüht
Ein Lid schließt sich und eine Nessel blüht
Ein Lid schließt sich und eine Nessel blüht
Ein Lid schließt sich und eine Nessel blüht
Ein Lid schließt sich und eine Nessel blüht
Ein Lid schließt sich und eine Nessel blüht
Ein Lid schließt sich und eine Nessel blüht
Ein Lid schließt sich und eine Nessel blüht
Ein Lid schließt sich und eine Nessel blüht
Ein Lid schließt sich und eine Nessel blüht
Ein Lid schließt sich und eine Nessel blüht
Ein Lid schließt sich und eine Nessel blüht
Ein Lid schließt sich und eine Nessel blüht
Ein Lid schließt sich und eine Nessel blüht
Ein Lid schließt sich und eine Nessel blüht
Ein Lid schließt sich und eine Nessel blüht
Ein Lid schließt sich und eine Nessel blüht
Ein Lid schließt sich und eine Nessel blüht
Ein Lid schließt sich und eine Nessel blüht
Ein Lid schließt sich und eine Nessel blüht
Ein Lid schließt sich und eine Nessel blüht
Ein Lid schließt sich und eine Nessel blüht
schließt sich und eine Nessel blüht
schließt sich und eine Nessel
schließt sich und eine Nessel

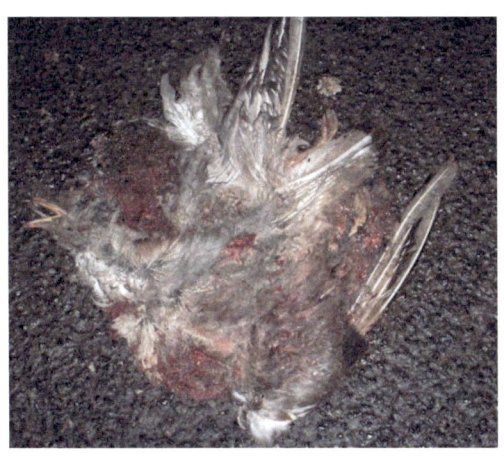

89

[Die Hülle des Diebes]

Er legte sich unter die Lampe und von da an ähnelte er in seiner Erscheinung vollkommen Trent Reznor. Ich nenne ihn sogar Trent. Ich drücke sein Knie flach; er versucht zu rülpsen. Die Streifen auf seinem Pulli drehen sich um neunzig Grad. Es ist sehr windig. Ich blinzele aus dem Fenster in den gelben Häuserhof. Ich suche Melanie, die eigentlich immer aufrecht an ihrer Küchentheke steht; nur kurz bevor sie einen Anfall bekommt hat, legt sie sich auf den Küchenboden. Wenn man sie nicht sieht, ist sie auf Toilette oder hat einen Anfall. Natürlich würde ich lieber in das Bad sehen können...

Trent sagt: "die Schweine". Ich heuchelte stille Zustimmung. Eigentlich waren es gute und ehrliche Menschen, die sich gegen ihn verschworen hatten. Er war zum Schwein geworden, aber ich habe nicht darauf geachtet. Gesehen zwar, aber nicht direkt angekuckt, im Halbdunkel dort.

Irgendwo scheint jemand vor seinem Fenster zu beten, aber ich bin mir nicht sicher, ob ich das wirklich höre oder ob ich es wirklich schmecke. Gottes Psalme, die wie Fett auf der Zunge knistern. Ich wünschte, Gott würde kommen und mir Worte in den Mund legen, denn ich habe dort nie die Worte; sie kommen durch den Mund hindurch, das ist alles. Das ist alles im Leben meines Mundes.

Melanies Anfälle sind ihren eigenen Namen entsprungen. Der medizinische Code, ihr geheimer Name war ihre Schale.
Sie sagen, sie haben diese Häuser um die Schale, die

Hülle des Diebes herum gebaut. Aber er hat sie längst verlassen, er, der sogenannte königliche Dieb.

"Ich bin ein Schwein", sagt Trent. "Na endlich", sage ich und klopfe ihn. Als ich die Hand wieder zu mir zurückgeholt habe, ist er noch da. Ich hab auf einmal das Gefühl, dass eine riesige Wespe in meinem Zimmer sitzt, wie ein Mensch. Sie wechselt den Platz. Meinen Stuhl, das Sofa, ein leerer Stuhl dazwischen. Er wechselt so oft, dass ich nie werde mit einer der Situationen abschließen können.

Über Melanies Küchenfenster klebt ein Kasten. Er hockt an der gelben Fassade wie ein Frosch auf ebener Erde. Manchmal verschiebt er sich, über ihr anderes Fenster hin. Ich frage mich, ob sie dann dort lieber wäre. Aber sie will eigentlich nichts. Sie hat ihr Verlangen verlegt.

"Wie komme ich da jetzt raus", sagt Trent, "wie komm ich da jetzt nur raus?".
Unten standen Tulpen. Die Schale hat der Dieb des Königs da gelassen. Sie ist keine Spur, sie ist nur, wo er lange gewartet hat.

Ein einziges Mal habe ich Melanie beim Verlassen gesehen; sie hatte sich um 180 Grad gedreht und verließ die Küche und ich sah ihren nackten Unterkörper. Nur von hinten. Ich habe sie nicht wieder reinkommen, ihr wahres Ich gesehen. Es war ein windiger Tag und das Glas drohte aus dem Rahmen zu springen. Die Scheibe wäre einfach an der Wand explodiert. Und ein Gesicht wäre wie ein Blatt Papier zerrissen.

"Ich sollte mich aus allen Möglichkeiten herausziehen", sagte Trent. Er lernt zwei neue Menschen kennen, jedes Mal wenn er versucht sich von einem zu lösen. "Du solltest nach San Marino, El Salvador oder so gehen", sagte ich. Er lächelte, aber einzelne Gelenke von ihnen schienen einfach dahin zu schmelzen. Ein saures Kirchgelée auf das Brot meines Sofas geschmiert.

Ein einfaches, ungemustertes, kugelförmiges Objekt, in der Mitte des Hofes, der Wärme keines Sommers, meines Albtraums.

[Holzmasken]

Sein Widergänger verriet ihm,
wie die einzelnen Stationen, Häuser und Höfe
seines weiten Gesichts zu rufen sind

(versteckt im Metall der Lampen
eingeweiht über viele Jahre
in anderen Revieren

Blickt an, wo nacktes Fleisch mit
behaglichem, unbemühtem Druck der
Zeit verschwindet

Lässt sich lediglich buchstabieren
Muss durch umständliche Sätze in einer
antiquierten Sprache verzaubert werden)

Er hängt nun in gesalzenen Hügeln
Im Mulch pflanzt er die Seesterne
Sein Haar leuchtet schwer in den Flößen

[Rückruf]

„Freitagabend will ich allein sein"
Ich sehe auf das Telefon, das schon aufgelegt ist
Draußen: der Wind flattert
wie Fahnen, die er sonst bewegt
Das Licht vom Gewächshaus ohne Gewächshaus an
In der Stube sitzt ein Buch über die Evolution

[Kardinal]

Man sieht beim Hinsehen
die falschen Früchte in den
Apfelbäumen
Man sieht, dass
es zwei Himmel, nicht Ozon und Wolken
gibt

Die Innereien eines Schweins

[Muspilian]

Die kastrierten Festspiele
In dieser Nacht wird Santa Muerte mit blauem Obst
beschmiert; ihr tauchen die Finger in Raupen

Billard mit kleinen Zähnen, halb Elf erdrückt
uns und presst uns wie kaltes Öl
Mit Sesam und Sackleinen erpresst sie der vierfingrige
Kelch; der, ihnen die Hand haltende, Duft des Zoos

Mit Kragen aus Allem schickt er ihnen das Flussende
Mit Beinen ohne Säbel strömt er aus dem Papier ihnen
entgegen

Er verliert sich an der Decke, sagt
„Dieses Fleisch musst du nun umsorgen"
Unbemerkt verließ er den Raum

[Platonie]

Es sind nun andere Finger, die den Zugang eignen

Dein Gehirn eine Schneekugel

Das reizende Hervorspritzen deiner

Knochenmarksflüssigkeit

(Knochenmarkts-Flüssigkeit)

Deine Epidermis klammert sich um einen Nukleus aus

Samen

Milchig flöße er, drückte man einen Strang deiner Haare

aus (und es ist nur die Milch der Akazie)

In den Warenhäusern handeln wir mit dir

Deine Glieder sind wie Reihen von Instrumenten

zusammengestellt

(warum sechzig Beine, siebzig Arme von einem einzigen

Gesicht?)

Ich erinnere mich an deine Augen, die durch die Gassen

ziehen

(hier, und eines am anderen Ende der Stadt)

[Stube]

Er lässt das Buch runter;

er hört das Gurren des Ofens.

Und die Kanarien mit ihrem menschenähnlichen Gesicht

[Honey / 19. Jahrhundert]

Der Arzt schreit

Die lachenden Kinder

Die Wanderschatten eines Geparden

[Ja, Sport]

Der Sponsor darf stolz sein auf diese Sterne

Diesen Mann, der aus dem Publikum kommt

Dieses Mädchen, das geizig ist

Ja, Sport, ja

Tapfer gewesen sein

[Geistertage]

Es wurde ein Imperium errichtet und vererbt. Der Anlass
war ein besonders guter Fang, dort in der Mittagshitze,
am schmutzigen Strand. der nur von einem Bauer gewor-
denen Geheimagenten des Shogunats vollbracht wurde.
(Knallende Geräusche, eine comicartige Explosion)

Ich saß auf einem leergelaufenen Akazienstumpf. Wir
picknicken mit gutem Brot und Gewürzen. Ich litt unter
dem säuselnden Hintergrundrauschen des Weltalls.
Sie war früher eine dickliche Frau, doch nun zieht sie
sich zusammen, ihr Bauchnabel verkrumpelt und ist eine
enge Freundin. Und sie zupft nun die Jeans von ihrer
Hüfte und sie fällt hinunter, bis in das Holz, das im Bach
ertrunken ist, und der Mond, ein Tierkopf, schiebt sich
dorthin, wohin ich in zwanzig Jahren auch nicht habe
sehen können.

Und sie setzt sich mit ihrer unsichtbaren, nackten Scheide
auf die Wolldecke zurück als wär sie es nicht, als hätte
sie sich nicht unten herum entkleidet.
Ihre Hose verdunkelt sich im Wasser. Ich muss an die
Kröten denken, denen Krähen die Lunge herausreißen,
die sich dann aus Reflex aufblähen und dessen Eingewei-
de dann Meter weit aus der Bauchwunde verspritzen.

Es ist später Frühling oder mitten im Herbst, es könnte
stets hageln und alles zerreißen.

Der König/Gott/Kanzler kam vom Regierungssitz in die
größte Stadt und dort verteilt er Blumen und Geld an die
Obdachlosen. Die Kinder schlagen den Erwachsenen vor

sich als Obdachlose zu verkleiden. Die Erwachsenen und die Kinder hängen nun wie Schweinekörper in Schlachthäusern gefriergetrocknet von Haken.
(Explosions- und Schlürfgeräusche, ploppende Geräusche)

Isidor ist tot. Aber damit sein Geist durch die Lüfte fliegt, müssen wir ihn wie einen Drachen an eine Schnur knoten.
Ich steige vom Akazienstumpf, der danach zu einem Eichenstumpf wird. Das Laub raschelt; ein paar Blätter bellen. Die fränkischen Wälder. Ich setze mich zu ihr und lass mein Knie, das sich ihr unter Stoff eigentlich entzieht, ihres berühren.
Vielleicht sollte ich sie fragen, wie es ihr geht.
Ich kenne sie lange. Doch wo unsere Freundschaft fester, die gemütliche Trägheit erfreulicher und alles natürlicher wird, wächst in ihr eine immer große Unbekanntheit.
Sie hat sich für mich zurückgelassen. Und hat die Sterne längst durchquert.

Das Letzte, was sie gemalt hatte, war das gehäutete Gesicht einer Katze. Sie ließ den Halter des Pinsels, nicht die Borsten, in das Wasser fallen und das Wasser spritzte über die Dielen. Ich war gerade mit einem Sixpack in ihr Zimmer gekommen. Ihre Mitbewohner lachten. Ich schloss die Tür des Zimmers. Ich kam mir vor, als sei ich mit einem zerknitterten Anzug und trockenen Blumen gekommen. Ich sah ihr an, dass sie ihre Malerkarriere soeben beendet hatte; wir setzten uns auf ihr Bett und durch das Fenster fiel, durch Laub an einem windigen Tag, zum Tanzen und zum Winden gezwungenes Licht. Die Sonne schien höher zu stehen, als es mir draußen aufgefallen war. Ich dachte, die Sonne hat sich ganz tief verirrt, aber *ich* hatte mich geirrt.

Meine gute Freundin war wieder auf ihr wenigeres Dasein reduziert. Ihr Gesicht war als würde es aus Pfefferminzblättern hinausschauen. Wir dachten: diese Stadt. Und wir tranken Bier und waren zwei Menschen auf einem Bett.

Sie töten den hundertsten Präsidenten. Eine Republik in der die Leute lieber ihren Kaffee tranken als die Gewehre in die Hand zu nehmen. Ihre Frauen verschwanden in Kanalisationen. Deren lange Zöpfe krochen langsam hinterher wie der Leib einer Schlange, die in einen Gang zurückkehrt. Haar muss angezündet werden. Die Männer verrotteten unter Säuglingen.
(Musik, wo Musik schon war. Nein, keine Musik den Menschen. Musik)

[Spaziergang]

Ich versuche, für Stunden im Nebel zu versinken.
Und in den geröteten Tundren, die in den roten Kronen
schnarchender Bäume entstehen, kämpfen die Vögel; die
vergesslichen Arten. Blaue Schnäbel.
Ich geh einige Schritte. Ein Buttercroissant fällt auf den
nassen Boden. Hinter einem Baumstumpf steigt ein Bär
in einem Mantel hervor.
„Was machst du Kleiner?"
Ich muss ziemlich weit hochschauen, aber ich habe mich
schnell dran gewöhnt. Die Geste ist also noch aus den
Kindertagen trainiert. „Dazu also das Ganze", läutet diese
unlogische Schlussfolgerung durch meinen Kopf.

„Ich tingel nur durch den Wald und rede mit mir selber"
„Das nennst du einen Wald, Kleiner?"
„…mit mir selbst… Tschuldigung"
„Was willst du hier eigentlich, Kleiner?"
„Bären jagen gehen"
Ich lächle; es war ein blöder Witz, aber ich kann ihn nicht
bedauern, denn ich werde schon zerrissen und bin seltsam
dankbar, dass mein Gehirn das Blut wie ein Schwamm so
an sich reißt. Der Schmerz ist wahnsinnig, das Innere
meines Oberkörpers fällt einfach heraus wie aus einem
Becher, den man dem Boden abgeschlagen hat. Aber die
Ruhe des Waldspaziergangs.
Als der Bär seinen Mantel auszieht und nun wie nackt
und skelettiert wirkt, weiß ich, dass ich überleben werde.
Ich weiß nicht wie. Aber dass die Vögel mich lieben.

[Sie wurde auf einer Pelzfarm gefunden]

Sie wurde erschossen auf einer Pelzfarm gefunden
Der Mond drückte einen Bausch auf sie
Der Detektiv schreit wie ein Säugling,
einer dessen Kopf mit Schleim verstopft
Ihr Loch raucht noch:

Sie wurde erschossen auf einer Pelzfarm
Einer der Hermeline ertrinkt in einem Kürbis
Auf dem Kulturacker bebt die Erde
oder ein paar Brocken drehen einander um
In ihrem Loch verdunstet ein Nebel:

Sie wurde gefunden auf einer Pelzfarm
Ihr Mann macht eine kalte Nachtschicht
Die Krähen kommen hinter die Fenster,
sie nagen die Vogelsilhouetten an
Die Hermeline schnuppern am Loch:

Sie wurde auf dem Acker erschossen

So schwer getroffen,

dass sie über das halbe Grundstück flog

Ich werde vom Hügel kommen

Sie und ich werden Kürbisse schnitzen gehen

[Ein Nagetier]

Ich bin ein Nagetier. Ich begehre eine Frau. Unter dem
Mantel der sie bewuchernden Frösche liegt eine weißrosa
Kleinheit von Dasein. Um ihren Aufenthaltsort wächst,
recht hoch, der Fenchel. Auf der Straße sitzt eine Jazz-
band; sie würgen ein Keyboard, schlagen es und drängen
es in einen Schlot. Ich begehre. Tierfiguren fangen an zu
qualmen. Um die Artischocken werden Zelte aufgestellt.
Die Eule der Kirche entfaltet ihre Flügel und Salz wird
heraus geweht. Die Füchse werden von schlafwandelnden
Frauen massiert.

Sie ist ausgewachsen, dennoch macht ihre Größe, fast
wie die Melancholie und die tote Welt, es leichter sich
Dinge vorzustellen. Dieser Weiler ist so klebrig; Sandel-
holz die Nacht. Die Politiker sind gebeizt. Ich begehre;
leider dreht sich die Zeit im Kreis. Ich schlüpfe nicht zu
ihr hinein und am selben Ort wieder aus ihr heraus. Jedes
Mal materialisiere ich mich weiter von ihr entfernt, wenn
ich mich durch die glatte Beule ihres Unterleibs in ihr
glitschiges Fleisch stecke.

Ich bin ein Nagetier. Ich sehe immer ein Flugzeug über
mir, das in die andere Richtung unterwegs ist. Zwiebel-
soldaten wehen wie Flocken durch diese Nacht. Greisin-
nen spielen Karten mitten irgendwo in einem Feld; wie
sehr diese alten Damen gieren! Ich begehre. Mein Hab
und Gut verbrennt. Züge sind zum stehen gekommen und
die Gestrandeten legen sich hinter Warzen in die Felder.
Fische auf abgesägten Baumstümpfen werden ausgewei-
det und Äpfel in ihre Haut gedrückt.

Wir könnten alle unser Leben in Traurigkeit verbringen.
Ich weiß übrigens nicht, welche Bewandtnis ihr Leib, ihr
Dasein überhaupt in dieser Welt hat. Ich habe, dies aber
aus tiefen Herzen, immer nur die Leere um sie verehrt.

(Die Nacht macht alle verrückt)

Bären jagen gehen, mit versteinertem Ausdruck

Das Windspiel, dass sie an einer Buche aufhingen

und er, er nimmt die Schippe mit in das Zelt

(Handwerker)

Sie gehen hin und verändern die Betten

Sie zimmern die Särge

und passen an

(Ein Tag im Herbst)

Mein Vater verspätet sich um eine halbe Stunde

[Freimarkt]

1.

Er teilt ihnen die Karussels zu

Und ich habe ihn aus der Kneipe getragen

Und jetzt befreit grüner Schein uns alle

2.

Weil es ja mit Riesen-Armen nach dir fasst

Ich warte mit in Manteltaschen verlorenen Händen

Du verkürzt dem Sprühregen den Weg nach unten

3.

Nun sehe ich ihn an, durch drei Scheiben Waben

Und nun leert er die Taschen von den Wolken

Solch unbegründeter Stolz!

[Parleka]

Uneben und dunkel verläuft es zum großen
Schrein der Sonne
Ich habe den Makler verzehrt
Der Knochenthron ist ein Kinderthron
Der Schal sagt Amen zu diesem Gebet

Und ich sage was ganz anderes zu diesem Gebet

Dinge sammeln um ein sterbendes, altes Väterchen
Und dann ist es im Brotkasten erstickt
Und alles windet sich immer wieder hoch zur Sonne
An unseren Tisch setzte sich ein Zen-Schüler, das Chaos
Und ich sagte: trinken wir uns dem Tod

Und sie sagten was ganz anderes

Neben dem Haus stehen und eine Kammer sehen
Der Wald darin. Und faul.
Dann haben sie Schirme unter dem Wald aufgestellt
Und krochen dann hoch zur Sonne
Und alle Männer sprachen von Angst

Und ich sagte was anderes

Und tief, tief nun ist der Bär in die Nacht gekrochen
Der gehäutete Hirsch, der neblige Lachs
Ich habe einem König vom Thron geholfen
Und ich habe ihn in eine Klimaanlage geführt
Sage ihm: hier führt es hoch zur Sonne

Und er sagte: es führt hoch aber ganz wo anders hin

Und ich fuhr hoch zur Sonne
Das Mädchen im Saal vergisst, dass ich mit ihr sprach
Macht eine Bude aus Papier
Wir sind zwar Scheißkerle,
aber weil wir wissen was kommt: was anderes

Und dann das Gleiche

[Gnostik]

Es trifft einen die Verachtung wenn man sich eben dort hinsetzt, wo man den umfassendsten Überblick hat, dort vielleicht sogar, wo eine große Familie ihr benutztes Geschirr, ohne fürsorgliche Gedanken gegenüber Fremden, hingestellt hat, da jeder von ihnen sich gleich stark fürchtete, sich so weit zu entfernen, dass er zum Inhalt der Gespräche werden würde, oder einen Einwand, den er gegen eine andere Person hegt, nicht zur Sprache oder gar Entfaltung bringen kann.

Da sind die zwei, die man hört, aber nicht sehen kann; man müsste sich noch weiter drehen, zu den einzigen Verstecken:

Er: "Ich bin sehr froh, dass wir dieses Ding jetzt haben. Es wird uns das Leben sehr erleichtern."

Sie: "Ja, ich denke, es wird sich sehr bald auszahlen. Es wird ein echter Gewinn sein."

Er: "Gute Dienste wird es leisten. Gute Dienste." (seine Stimme endet etwas denn seine Lippen sind leicht trocken, zumindest vernimmt man, dass er ein wenig schmatzt)

Sie: "Man muss fast sagen: früher hätte man es haben müssen."

Er: "Ja, stimmt schon. Aber es ist gut, finde ich trotzdem, dass man es so gewagt hat."

Sie: "Richtig. Man hätte es vielleicht gar nicht mitnehmen können, im Ausland ist es vielleicht gar nicht erlaubt oder man hätte es verloren."

110

Er: "Vollkommen richtig. Vollkommen richtig."

Es ist später mittlerweile; man rennt die Stufen hinauf zum Zimmer, wie ein junger Mensch in der Adoleszenz, der seine Empörung zeigen muss, eine, in der vorgibt wegzulaufen, aber tatsächlich, noch unverständig der Welt und ihrer Besitz- und Raumverhältnisse, den vorhersehbarsten Ort seines eigenen Zimmers flüchtet, welches vom Herrschaftsort seines vermeintlichen Peinigers freilich unklammert wird.

Und nun kannst du dich aus den Träumen, die in diese Träume fallen, nicht befreien.

Er: "Mir gefallen die Sterne nicht. Ihr Licht hat keinen Nutzen für mich. Ich habe dieses besondere Ding, aber ich habe auch einen Sohn. Als ich sein Auto im Regen habe stehen sehen, da habe ich's einfach ins Trockene stellen wollen; mit dem Hinweis aber, dass ich zu gebrechlich wäre, musste er es mir verbieten. Das musste er wohl."

Sie: "Die Zukunft bereitet auch mir keine Freude. Das Leben ist überflutet von Möglichkeiten. Sieh mich an: ich bin eine Linie. Du wirst mich nie mich in den Wintergarten setzen sehen; die Zeit ist dort nicht symmetrisch, schon gar nicht, wenn der Mond, was oft geschieht, bereits am Tage zu sehen ist."

Du würdest schlafen und es wieder rauschen, wenn ein Freund nun nicht wie ein Postbote im Erdgeschoss stünde. Er ist ein ehrlicher Freund, nichtsdestotrotz erhält er anonyme Zahlungen, ein Honorar dafür, dass er es ist.

111

Man hat sich nicht direkt an diese Annehmlichkeit – und da er Freund ist, ist es eine für beide – gewöhnt, aber das Fragen und den Versuch, dem eine Wirkung entgegen zu setzen, eingestellt. Es wird vielleicht für immer geschehen. Oder jemandes Tod entlarve es.

Man müsste ja ehrlich sein: wie lang kann man so leben?

[Die Erinnerung]

Die Pflanzenblätter drücken sich gegen das Fenster. Vielleicht wandern sie mit dem Lauf der Sonne und sind des Tages durch ihr Wachstum stehen geblieben, in jener Nische des Zimmers, seines „Büros", wie er es nennt. Er hat sein schönstes Bild links von seinem Schreibtischstuhl aufgehängt, gerade auf der Höhe, wo er es nicht mehr wahrnehmen kann. Da drunter, auf dem Teppich noch ein kleines Stück von Teppich, das über war, und auf dem ein sehr kleiner Stapel Bücher. Sie lagen sehr ordentlich in der Mitte dieses ausgeschnittenen Stückes. Ich schaue ihm über die Schulter.
Nie schreibt er ausgesprochen viel; gelegentlich nimmt er auch nur Sonnenblumenkerne in seine Hand. Wenn er schreibt, will er sich einen Handschuh anziehen, denke ich. Oft schaut er an das Barometer über seinem Schreibtisch; er hat keine Ahnung, was die Zahlen bedeuten, was ihm das also sagen soll. Und warum es dort überhaupt hängt.

Sein Fleisch behandelt ihn nicht gut; es bildet nicht das Gefäß, das es bilden sollte. Vielleicht denkt er dasselbe als er sich selbst durch das Fenster in den Tannenwald gießt.
Er macht Anstalten, manchmal, sich ein Sakko anzuziehen. Aber er sitzt dann dennoch ohne dort und quält sich. In Augen, die woanders hinblicken, kann er stundenlang schauen. Er schreibt das.
Ich nage an seinem Ohr.

Er verkrumpelt; schrumpft ein.
Er sammelt Streichholzschachteln, doch die wirken nun

alle feucht, schimmelig und von Wasser durchtränkt. Sein
Schwarzmäulchen erwürgt ihn mit einer langen Traurig-
keit. In seinem Lampion brät eine Taube.

Die Herbstluft ist nicht gut; sie ist noch nicht reif.

In die Bücher, die auf dem Teppichstück sitzen, hat er
selbst zwei oder drei Sätze hinein geschrieben. Es belebt
die Mechanik um die es eigentlich geht. Die Dinge ent-
wickeln sich nicht durch sie, sie stunden nur und zerflie-
ßen irgendwo hin.

Eine kleine Postkarte mit einer sehr großen Verkleine-
rung unserer Planeten. Aber sie sehen auf diese Entfer-
nung in wirklich natürlich noch viel kleiner aus. Aber
auch diese wirken ungewöhnlich klein.

Ein Flaschenhals in den Wolken öffnet sich wie ein
Weinfass.

Eins seiner wenigen Polaroids, die er von einer Art Thea-
teraufführung in einem Seitenfach liegen hat, bewundere
ich. Es ist leer und stolz. Nicht ohne Personen, nicht ohne
Bühne, die, aus Holz und in der Verfehlung der Färbung
viel übergehender noch einen fleischigen Ton angenom-
men hat. Aber die Personen, die zu sehen sind, sind zu-
sammenhanglos, ohne Impetus. Niemand hat ihnen Be-
fehle gegeben. Feinlich gekleidet sind sie aber. Ein Pup-
penbild wie für einen Katalog.

Er hat lange auf einen Kommentar gewartet. Einen Au-
genblick lang hat er eine Maus in der Hand. Sie blinzelt
seine Nägel an. Durch den Wind flackert auch die Ref-
lektion des Innenraumes im Fenster vor dem Tannen-
wald.

Im Moos leben.

Zwei Schwangere sprechen miteinander, hinten im
Raum. Soviel Unglück erträgt keiner. Er tötet sich. Die
Lamellen des Windspiels klingen stumpf als ob es
Fleischstrünke wären.

Die Kerze schläft wie eine Katze, streckt sich aber im Schlaf. Sie duftet süß und muffig wie sehr reifes Obst. Der Teller wippt und Obstkerne und Nüsse rollen schmunzelnd darin umher und tapern hüpfend über Zuckerkrusten. Und Zartbittere zieht sich ein Stück weit höher auf ihrer glänzenden Flagge aus kaltem Stoff.

Die Dinge werden nach und nach aufmerksam.
Die Zartbittere nimmt den kalten Stoff und hält ihn hoch. Immer engere Kreise beschreiben die Früchte und ihre Kerne. Die Kerze zerfließt auf dem Teller. Die fünf Lamellen des Windspiels sind eine klappernde Hand mit tauchenden Fingern. Der Raum spiegelt sich im feuchten Wachs. Das Polaroid und die Puppen versengen in einander unbekannten Farben. Puppen mit Gesichtern unserer Planeten. Die Bücher fressen das Licht. Welt, lass dir gesagt sein: die Bücher fressen das Licht.
Seine schönsten Bilder sind in die Bücher geschrieben worden. Der Wind tritt ein. Das Barometer löst sich auf. Der Wind nimmt das Kerzenwasser in sein Gefäß. Und er bemalt seine Bücher. Und die Pflanze wächst in das Fenster.

Wie gesagt: die Dinge entwickeln sich nicht, sie stunden, sie zerfließen, irgendwohin; alles sammelt sich; versickert. Sickert in seinen Kopf ein.

[3 Geisterreiche]

Rosen, die mit Zorn in den Wein spucken

So: ein graues Totenwesen, das äst

Und unten, ganz unten die Fähe

[Darauf warten einen Toten sehen zu können]

Klitschige Brotreste; strahlendweiß die Tannen

Das Marienkäferholz; ein Monument aus dem Basalt

Unsere Häuser Wachteln; ein angesengter Filter

[Filz]

Die Gläser Wasser, die schon jeder gezählt hat
Die Gläser Wasser, die ich alle gezahlt habe

Ich will nicht leben um zu lenken, sage ich,
wie machst du es?

Da liegst du und veränderst dich, drüben,
in deinem braunen Kapuzen-Shirt verschwunden

Du sagst: "ich bin jetzt eins mit den Kindern"
und gehst.

Nachts ziehe ich los
um alle wilden Hunde zu trainieren

Den Haustürschlüssel lass ich mit der Tür im Bett
zurück, wo wildes Herrschergeschlecht wächst

[Im Gehen]

Wir setzen die Skorpione in Pakistan aus
Der Löwe sticht uns das Gesicht

Wir opfern uns dem staubigen Holzblock
Öffnen den Anorak: eine Schnee zeigende Leinwand
Das Feuer des Dornenbusches im Schnee klingt
wie ein Hahn, nicht wie ein Brennen

Nachts, mit Gin, treibe ich deine Steuern ein,
mein Lieber, mein Freund,
mein Finger, mein Pankreas, mein Sohn, Freund

[Reflektion]

„Du hast Bienenhaar", sage ich ihr. Aber leider hat sie schon getankt. Der dämliche Alkohol und Saft... sie meint, er macht sie kreativer, aber in Wirklichkeit takelt er sie sich selbst gegenüber auf, das ist alles.
Die Hummeln schlabbern im Käfig voller Fleiß ihr Wasser, es schwappt manchmal über weil der Käfig so sehr auf ihrem Schoß schlackert. Ich drück ihr Bein fest, ich möchte das Brummen und den Regen hören. Aber sie quietscht und sagt, dass ich ihr weh tue. Ich ziehe meine Hand hastig zurück und betrachte sie ungläubig. So stark habe ich doch gar nicht zugegriffen.

Auf Maiskuchen hätte ich nun Lust; sie liegen in der Auslage eines geschlossenen Cafés unten, auf der anderen Straßenseite. „Bei so einem Regen hat das Arbeiten keinen Sinn" haben sie an die Tür gehängt, aber das ist nur ein Versuch der Vorhersage; es ist einfach schon allmählich Abend geworden, die Luft knarzt vor noch so viel mehr an Flüssigkeit, die sie auf uns werfen könnte, doch tatsächlich beginnt morgen nur der Urlaub jemandes, den sie nicht ersetzen können.

Das passt, denke ich, das soll mich wohl milde stimmen. Sie können sie nicht ersetzen. Das Problem ist gelöst: Menschen können einander nicht ersetzen; Besitzstandswahrung, Rückzugsgefechte.
Wir haben heute einen Western gesehen. Wenn sich der Anti-Held zurückzog und seine Häscher auf Schussweite herannahten, erschoss er stets ihre Tiere. Will er sie langfristiger, wirtschaftlich schädigen?
Ein spanischer Priester betritt einen dunklen Leutekreis in der Nacht in Texas in der das letzte Gleis vollendet wird.

Er segnet die toten Bullen. Es ist nicht so einfach; die Familie wird in eine harte, dunkle Zeit fallen. Sie steht vor der eigenen Degeneration. Sie reisen weit und kriechen als Frösche in den Fluss.

Sie hat sich den Film mit steigendem Ernst angesehen, dass es dunkler im Zimmer wurde. Ich wollte Muscheln aus unserem Badezimmer fressen, nicht das.
Ich hatte eine Vision, die überaus unspektakulär war; ich lief durch Gras. Doch das Gras wuchs dank Pillen, die auf die Erde gefallen waren, aus der Handtasche einer Frau. Der Himmel war der verbrannte Überrest ausgeheulter Augen. Und all diese Dinge hatten in ihrer Banalität schreckliche Ursachen.

Ich hatte begonnen etwas zu schreiben. Es handelt sich darum, dass ich Hunger habe. Ich beschäftige mich im Buch nicht weiter mit meinen Hunger, ich erwähne den Zustand meines Sättigungsgrades nicht, bis ich am Ende durch Verhungern dahinscheide. Wie jemand, der mit einem Kopfschuss niedergestreckt wird.

Zwei der Gassen kommunizieren miteinander durch eine winzige Stelle auf der immer wieder abwechselnd Wassertropfen einschlugen. Eine Verkäuferin typisch Bremer Backwaren schreit.
Vom Fenster aus versuche ich sie zu beschwichtigen, aber es hilft nichts.
„Warum ist es so scheißenlaut, jede Sekunde am Tag! Ist es in der ganzen Welt so laut?"

(Kanariengeister)

Ich kämpfe gegen die Katze mit Grabesmiene
Wird mein Himmelchen sich drehen
Öffne das Nest

(Vogelkäfige an einem windigen Tag)

Ich bin aber kein Prophet
Heute im Käfig finde ich ein verfaulendes Rad
Die Kleinen verschließen einander wie eine Tür

[Schüler am Morgen]

Das dumpfe Gesicht bin ich
Alles schlägt fehl
„kreativ" – das ist dein Gesicht
welches verfault

Ein Jahrhundert an Schülern ertrag ich
Das doch noch verätzte Gold in uns

Ich kann jedes Jahr welken,
immer bin Ich das Wasser

Tropfen, der sich in Odem,
Müdigkeit nimmt

[Mitspielerin]

Du brennst wie Wild,

schneidest und duftest

als du dich unter der Lampe umzogst, dachte ich:

Nah bist du am unerreichbarsten davon,

hältst dich selbst wie einen Krug

Als du in den tiefen See fielst, dachte ich:

Du lachst und lebst,

schläfst; dein Körperkrug taucht nur

gelegentlich im Rahmen der Zimmerflucht auf

…was *mich* angeht -

Gesetze behindern uns nicht

[Nacht voller Schilfnester]

Im Blut der aufgeschnittenen Schiffe
sind die Sternenkonstellationen zu sehen

Sie zog müde ein mit
dem Gang der Speichen

Sie sah, dass sie Neugeborene tragen, im schönen Fell
In ihren Augen wuchs eine weitere Farbe

Sie legt sich hin sobald
die Holzkohle schon duftet

In den Innereien einer aufgeschnittenen Wand
kann ich meinen eigenen, nackten Rücken sehen

Sie sagt, alles schliefe hier in schönem Fell
In ihren Augen wuchs ein weiterer Knopf

Sobald das Gas der Laternen am Fenster flackert
In ihren Eierstöcken erkenne ich eine ruhige, alte Frau

(Froschmann)

Der Barsch schwimmt durch die breiten Straßen der Stadt

Jetzt steigen die Lieder

und nach oben

zur Welt hin

neige ich mich

Nun bist du zitronenfarben

Und ich ebbe auf all die Fahrzeuge hinab

Und höre deine langsamen Worte

[Niemals die Stadt]

Seife, die das System belebt und ich vermisse den gewohnten Dienst, den meine Träume mir sonst lieferten. Doch ich bin erwachsen und an Stelle der Abenteuer starre ich in abstrakte Figuren. Und so ist die Unschuld, gegeben dadurch, dass sich ein völlig allgemeiner Erlebnisdrang in meinen Träumen äußerste, aus meinen Abenteuern verschwunden.

Seitdem schlägt mir das Herz bis über den Kopf, überall, wo ich tatsächlich mich ins Abenteuer werfen könnte und meine, vollkommen befreite Luft drängt sich in vielerlei, den Träumen anvertrauten, verführerisch auf sie lenkenden Stunden leide ich unter schrecklicher Erregung; Erektionen, die mir so garstig vorkommen, dass sie alles Blut meinem Körper sonst entziehen und wie der Körper einer einsamen Nacht zurücklassen und mir, oben, ab der Brust den Atem nehmen.

Wir leben in einer leuchtenden Stadt. Eigentlich ist es kein wahres Leuchten, viel mehr ein Glanz, denn – obwohl sie durchaus schön ist, erstrahlt sich das Licht nicht aus ihrem Inneren heraus; es ist nicht ihr eigenes Licht, sondern das Licht, dass das Leuchten des Wetters und unter ihm die Menschen ihr verleiht. Dinge, die an anderer Stelle nicht leben können, leben in ihr. Und die Dinge erkennen dies in einer mehr als angemessenen Feindseligkeit. Meiner eigenen Natur zu liebe, bin ich stets eher von einer gewissen Verspieltheit ausgegangen, aber die Wahrheit ist, dass das Schöne, das ich in ihr empfinde, ein feierlicher Ernst ist.

Hier stürzen Myriaden von Menschen in allen möglichen

Konstellationen und Spielen jeden Tag ineinander. Von Weitem muss das Schicksalsgeflecht wie die Oberfläche eines unwahrscheinlich großen Gewässers wirken, das nur ein wenig transparent und gewiss tief ist.

Ich schreibe stets nur dieselben Worte. Meine Adresse.

Irgendwann, zu den Gezeiten, dem Mond eine Gefälligkeit schuldig, muss das Becken dieser Stadt leerlaufen, der Schlick des Tages, der, der Affären, der auf dem Grund sich niedergelegt hat, freigelegt sein.

Und wie jemand, der sich in jede Fotografie, in jedes Gemälde gestohlen hat und den du in allen Filmen finden kannst, findet mich jemand am Boden der Stadt.

[Höllenleben / Waldheim]

Ich bin müde und drainiere deine Brille

Das Wochenende wird uns belohnen

Sie werden uns Hände schenken

und sich bei großen Analytikern beschweren

Der Faden der Glühbirne liegt über deinem Bauch

wie eine Durchstreichung

Unsere Tiere werden gerade geboren

Und die Sicherungen brennen durch

[Mitternacht]

Der Polizist schaute in die Mockturtle-Suppe. Das kam mir ziemlich schräg vor, ehrlich gesagt. Er hatte so viele Pickel. Aber ich glaube, er ist sehr firm. Wenn der im Liebes-Modus ist, dann wird es sicher gut; alles. Wenn er sich aber an mir etwas austobt, mich vielleicht sogar ungerecht behandelt, dann sollte ich mir daraus nichts machen. Keinen Kopf. Das macht er bei einem anderen wieder gut.

Es dauert eine Weile, bis ich mich erinnere, dass ich garnichts verbrochen habe, er mich nicht verhören will und mich nicht gefangen hat oder erwischt bei irgendwas, wobei ich gar nicht wüsste, was überhaupt.

Da er errät mich.
„Sie müssen nicht hierbleiben". Ich lächle, wie eine weise, dankbare Dame. „Ich weiß das jetzt".

Ich sehe jetzt den nächtlichen Verkehr in die Stadt, als seien meine Augen durch eine Kamera ersetzt.
Weit oben hier: obwohl es umso überraschender – im Verhältnis – wie leise unten einem der Verkehr vorkommt, ist doch ergreifend, dass du hier oben *nichts* mehr hörst, schon. Man sollte denken, dass man all das schon nicht mehr sehen kann, während man es schon hört.

Diese Maschinen bewegen sich so eindrucksvoll elegant als ob die Menschen in ihnen ausgestiegen und nach Hause gegangen wären.

[Motosumi]

Dort geht sie als wollte sie mir begegnen

Doch ich habe keine Zeit für Gesicht

Mit ihrem Arsenal an Zeit muss sie die

Blumen stillen

Und Sonntag, allein in der

Stadt,

und so: das Gerücht, dass ich da bin, stillen

und den Schatten meiner Gegenwart löschen

wie das Ausblasen einer Kerze

das Licht Ausstellen

das heißt:

Sie wird mit mir schlafen gehen

[Corcovado – Silent Night of Silent Stars]

Die Art ihrer Bewegung und die Art, die Art ihres Gan-
ges, lassen nichts von dem Stolz auf das, was sie sind,
vermuten, jener Stolz, der durch einen klaren Spiegel
hindurch getaucht und eng an ihrer Seele liegen müsste.
Es ist ein Abend des frühen Frühlings und sie gehen
heim. Sie haben Sehnsucht nach ihren Abendessen und
ich komme in die Stadt aus einem ähnlichen Grund. Es ist
doch logisch; sie ist mir so sauber übergeben worden,
dass ein Abendessen hier, unter den elektrischen Lichtern
(die freundliche Gespenster geworden sind, da sie altmo-
disch zwar sind, aber es unmöglich ist, sich etwas vorzu-
stellen sie abzulösen) die höchste Geordnetheit eines
Lebens ist und einen fixen geselligen und gesellschaftli-
chen Charakter annimmt.
Mir aber fehlt diese Temperatur; generell ist mir ein be-
stimmtes Gefühl für Temperatur abhanden gekommen.
Ein Übriges tun sie, die Arschlöcher mit ihrem schroffen
Benehmen. Auf dem Weg bin ich nicht nur von einem
Kino zu einer pünktlichen öffentlichen Tanzaufführung
zu spät gekommen, auch hatte mich ein großer Rasierap-
parat splitten wollen. Und wenn ich mich noch daran
erinnere, gluckert und schluckt die Sonne oben wie ein
schwimmender Körper, der kein Bestreiben sein eigen
nennt, es tun würde, obwohl sie während des ursprüngli-
chen Ereignisses bereits ganz versunken wandelnd nun
ein langer Blitz, ein, wie zitternde Zahnseide, über den
Bürgersteigen gehender, der unter mir, sobald er mich
erreicht, das Pflaster und den Erdboden unter mit sprengt
und mich sehr weit hochschleudert.
Bänder kreuzen sich auf dem Markt.
Ich sehe die Tänzer noch halb von hinten, die ich gestern

aus erster Reihe angeblickt habe nach dem ich zufällig etwas mitbekommen hatte wie das gesamte Publikum, denke ich, und nicht wusste wann die Vorführung enden würde. Ich hätte gerne was mit ihnen zu tun gehabt… nur ein treuer Zuschauer. Der eigenwillige Mitspieler hinter der Bühne, durch das Auge in die Brust. Sie sind längst in die Wärme des Alltags eingelassen als ich über ihre verschwundene Bühne in Richtung der Straßenbahn gehe. Ach ja, mein Abendessen. Heraus aus der Stadt. Meine Armee soll sich darum kümmern.

Die Stadt ist leer. Wie sich vor dem Tod ein Traum aus dem Gehäuse seines Körpers zurückzieht, ist jeder Menschenkörper heim gegangen oder zu einem anderen Ort gezogen der zählt. Es ist nur das Zählen übrig geblieben. Schon die Überreste des Marktplatzes haben sich nicht wie der Mensch von Gott oder Mensch beflecken lassen und die Pflastersteine konnte man putzen wie man wollte. Sowas wie ein frisch weggeschossenes Stück eines Kohlrabi blieb fester am Grund wie ein Pilz. Es waren Dinge, die vom Markt bleiben.
Bevor es losgeht, wird es nur kurz vorher - und das auch eher zufällig - ruhiger, zumal die Menschen zwar ihre Geräusche in die Stadt in die Stadt bringen, diese dann aber ihm enteignet werden, besser gesagt, erachtet er sie gar nicht als einen Besitz und von ihm unabhängig existierend, wie ohnehin alle Leistungen vorwiegend von dem Gebilde der Stadt erbracht werden bis auf einen verschwindend geringen Anteil; so wie der Mensch seine Zellen betrachtet, so betrachtet sie ihre Menschen. Und nun wie ein Zahn ins Fleisch ziehen sich die Pflastersteine, die Obst-, Gemüse-, Käse- und Fleischreste, die Fasern der groben Säcke, Kunststoffsplitter, verlorene Haare, Taubenkot und Textilien, die ausgesaugten Zigaretten und vergossene Flüssigkeiten, aus mehr Quellen als Ge-

sichtern, auf dem Markt in die Erde zurück. Und auf der Oberfläche schäumt es noch so viel länger als das vorige dauerte, denn auch das Zahnfleisch wird hinab gedrückt und verdaut; der gesamte, in die Erde gegrabene Kopf. Der Brunnen sinkt in sich zusammen, mit seinem Wasser wie eine Utricularia, die sich betrinkt und die wenigen Birken und Bucheckern entfalten sich wie Nelkenkelche; ein dürrer Zahnstocher ihres Stammes bleibt für einen längeren Augenblick stehen während die äußeren Ringe drehend sich entfalten und rülpsend das Harz in faser-dünnen Spritzen hinausschießt. Und die Gebäude bilden, gravitätisch, als seien sie sich ihrer Bedeutung durch mehr als ihre aufgeladenen Leiber bewusst, hinab sinken den Kessel und die Lippen des, immer noch in einer Nicht-Erhebung über die Geräuschkulisse der Stadt sich ereignenden und entstellenden Sumpfes, über dem sich der dahinter liegende Park schon als nächtlicher Wald in einer ihm nicht zu eigenen Wildheit ergießt.

Dieser Abend war wieder kühl, bemerkte Jan und zog sich einen Bademantel über als er auf die Terrasse ging. „Er schaut immer noch her", rief er in das Haus. Eine kurze, winzige Verdunklung zeigte, dass seine Botschaft aufgenommen wurde. Er ließ den Nachbarn einige Moment lang in seinen Nacken schauen bevor er sein Gesicht wieder dem Draußen, dem gegenüberliegendem Holzhaus zu wendet. Es ist die dritte Nacht, dass dieses fade alte Männlein in seine Hütte hinüberschaut, in der Zeit um die Abenddämmerung herum; es kommt unge-lenk und mit leichtem Hängen der rechten Körperhälfte auf die eigene Veranda hinaus und verharrt dort wie ein Primat, der eine Fluchtentscheidung zu treffen hat. Diese Pupillen breiten sich in der Form eines Sterns über den Apfel vielleicht bis tief in den Schädel aus und zwinkern so äußerst selten… Und die Hand, die an der schlaffen Hälfte seines Leibes hängt, war locker am Ende ihres Armes, aber wie bei einem Primaten krümmen sich die Finger wie im ersten Ansatz einer Greifbewegung bei einer menschlichen Hand.

Am ersten Abend hatten er und Miriam noch mit Bierdeckeln rüber geworfen und ihn beschimpft, vor Allem sie. Danach hatte Jan sich schon mehr vor ihr geekelt als vor ihm. Er hat danach sogar aus Buße versucht ihn als untergebenes Faktum zu akzeptieren… aber das ging dann natürlich auch nicht so einfach. Allein dass er wieder auf die Terrasse gegangen war.

„Frohsinn ist Gesundheit, Trübsinn ist Krankheit" stand im chinesischen Spruchkalender. Und er zuckte zusammen, weil sie relativ achtlos die Zutaten für das Abendessen, vor dem unterstem Kühlschrankfach kniend, auf die Theke hochwarf, was einen gereizten Charakter hatte. Er freute sich schon darauf, dass sich die Küche an einem frühlingshafteren Tag ausweiten würde. Jetzt, wo es schon dunkel ist, früher als noch gestern, lag ein Spot auf der Theke. Das Ungleichgewicht zwischen Helligkeit und Dunkel war so weit gekippt, dass sich der Kontrast immer mehr und mehr vergrößerte. Und irgendwoher aus dem ahnenden Bewusstsein flackern bereits die Bilder des endgültigen Kontrastes auf, so dass eine flimmernde weiße Blase über Miriam auftauchendes Gesicht flackert. Und aus dem Holz steigt die Ahnung der Insekten auf und Feuchtigkeit des Waldes. Geölte Buche. Der weiße Fleck vermodert über ihrem Gesicht. Er würde gerne mit der Hand über ihr Gesicht fahren und es verschmieren und es zu Olivenölmaserungen verzieren. Zuerst die Augenränder zu weichen Sternen modellieren. Und grüne Büschel in ihrem Gesicht verteilen. Es ist ihm so egal. Und dann aber trug sein Finger keine grünen Büschel sondern eben ihren braunen Busch auf und schon mischen sich das Begehren und die leichte Missbilligung ihres Leibes und in oft vollzogenen und abgebrochenen Gedanken verschwindet die ganze Phantasmagorie von Sonne und Natur in fliehenden Rauch.

Sie stellt ihm ein Bier hin, er greift genüsslich danach; obwohl sie hinunter blickt auf die Zutaten, unschlüssig wirkend und auf eine skurrile Weise schüchtern, lächelt sie als er es nimmt und sie zieht das Messer erst in dem Augenblick aus dem Block als er die Küche verlassen hat.

Es stach ein wenig, hinter den Augen. Er würgte mit seinem Feuerzeug den Kronkorken auf und trank; es war kühl und alle Gerüche und andere Sinnesgefühle blieben in der Luft staksen. Es breitete sich sofort zu einem Whirlpool aus. Kleine Gräten und Schildkrötenpanzer zum Musikmachen wirbelten noch vom Boden an die Oberfläche.

Die Stube hatte eine sonnengelbe Luft in sich; Palmen und an die Schrägen sind Antilopenfelle genagelt. Dazwischen das Bild einer schönen, schwarzhaarigen Frau deren Locken es unmöglich zu machen zu sagen, wo die große schwarze Katze beginnt, die sie an ihr Gesicht hält. Ihm ist nach langer Zeit nach Musik.

Seine Lider schließen sich undschwarze Nesseln entstehen in unserer Welt.

Corcovado – Silent Night of Silent Stars.

(Die Hülle des Diebes)

Textverzeichnis

Erzählungen

Weitere Bücher:

Catoblepas, Erzählband (2008)

Glaspalast, Gedichte (2009)

Armenbegräbnis, Erzählband (2010)

Alle Bücher sind erschienen bei Books on Demand und unter dem Autor „Christian Mauck / Se-Laika"

In Arbeit:
Die vier Liebhaber der Artemis Silber (AT), Roman